Coleção
FILOSOFIA
ATUAL

Copyright © 2011 by Éditions Bartillat
R. Le Senne, "La Conscience de Soi, de Louis Lavevelle". *Les Études Philosophiques*, n. 3/4, Presses Universitaires de France, dezembro de 1933, p. 130-38.
Copyrigth © PUF, 2014
Copyright da edição brasileira © 2014 É Realizações
Título original: *La Conscience de Soi*

Editor
Edson Manoel de Oliveira Filho

Produção editorial, capa e projeto gráfico
É Realizações Editora

Preparação de texto
Lucia Leal Ferreira

Revisão de texto
Carla Montagner

CIP-BRASIL. CATALOGAÇÃO NA PUBLICAÇÃO
SINDICATO NACIONAL DOS EDITORES DE LIVROS, RJ

Lavelle, Louis, 1883-1951.
A consciência de si / Louis Lavelle; tradução Lara Christina de Malimpensa; revisão técnica Carlos Nougué. – São Paulo: É Realizações, 2014. – (Coleção filosofia atual)

Título original: La conscience de soi.
ISBN 978-85-8033-159-2

1. Consciência de si 2. Filosofia moderna 3. Epistemologia 4. Metafísica I. Título. II. Série.

14-02168   CDD-126

Índices para catálogo sistemático:
1. Consciência : Filosofia 126

Reservados todos os direitos desta obra. Proibida toda e qualquer reprodução desta edição por qualquer meio ou forma, seja ela eletrônica ou mecânica, fotocópia, gravação ou qualquer outro meio de reprodução, sem permissão expressa do editor.

É Realizações Editora, Livraria e Distribuidora Ltda.
Rua França Pinto, 498 · São Paulo SP · 04016-002
Caixa Postal: 45321 · 04010-970 · Telefax: (5511) 5572 5363
atendimento@erealizacoes.com.br · www.erealizacoes.com.br

Este livro foi impresso pela Edições Loyola, em novembro de 2016. Os tipos são da família Minion Condensed e Adobe Garamond Regular. O papel do miolo é Norbrite 66 g, e o da capa Cordenons Stardream Jupiter 285 g.

Coleção
FILOSOFIA
ATUAL

A CONSCIÊNCIA DE SI

LOUIS LAVELLE

PREFÁCIO
RENÉ LE SENNE

TRADUÇÃO
LARA CHRISTINA DE MALIMPENSA

REVISÃO TÉCNICA
CARLOS NOUGUÉ

É Realizações
Editora

Sumário

Prefácio – A consciência de si, de Louis Lavelle
por René Le Senne 9

1. A consciência de si 19
1. *A consciência é nosso próprio ser* 19
2. *Ambiguidade da consciência* 20
3. *A consciência é um diálogo* 21
4. *A consciência criadora do eu* 22
5. *O eu se escolhe* 23
6. *A intimidade mais secreta* 25
7. *A consciência desinteressada* 26
8. *Descobrir-se é superar-se* 27

2. O conhecimento 29
1. *Sombra e luz* 29
2. *O olhar* 30
3. *A visão e a audição* 31
4. *O ardor da inteligência* 33
5. *Volúpia de raciocinar* 34
6. *Humildade do conhecimento* 35
7. *Juventude do conhecimento* 36
8. *Espetáculo ou comunhão* 37
9. *Conhecimento e criação* 38

3. O nascimento das ideias 41
1. *Da acolhida que devemos dar às ideias* 41
2. *Disciplina da atenção* 42
3. *Flexibilidade da atenção* 43
4. *Fidelidade à mesma ideia* 45
5. *Nascimento das ideias e das palavras* 46
6. *Violência e calma da inspiração* 47
7. *Atenção e amor* 48

8. Penetrar o mundo das ideias *50*
9. Ambulare in hortis Dei *51*

4. A mensagem do escritor **53**
1. A escrita, instrumento de progresso espiritual *53*
2. A escrita deve captar o eterno e não o fugidio *54*
3. O contato com as coisas *55*
4. Continuidade nas obras do espírito *56*
5. A escrita, mais secreta que a fala *58*
6. Diálogo entre autor e leitor *59*
7. O sucesso e o fracasso *60*
8. Inveja dos vivos e dos mortos *62*
9. Grandes homens *63*
10. Servir a seu próprio gênio *65*

5. A atividade **67**
1. Potência da atividade *67*
2. Ser perspicaz e ser forte *68*
3. Moderação *69*
4. Domínio de si ou entrega *71*
5. Atividade comum e atividade excepcional *72*
6. Atividade profissional *73*
7. A distração *75*
8. As virtudes do lazer *76*
9. Preguiça e esforço *78*

6. O consentimento **79**
1. Vontade e inocência *79*
2. A ocasião *80*
3. Dizer sim *82*
4. A matéria dócil *83*
5. Os frutos da atividade *84*
6. As ações e o ato puro *85*
7. Perfeição da atividade *87*
8. Passividade *88*
9. Virtudes da contemplação *89*

7. Amor-próprio e sinceridade 91
  1. O centro do mundo e o centro de si mesmo 91
  2. Sofrimentos do amor-próprio 92
  3. Comparação com outrem 94
  4. Virtudes do amor-próprio 95
  5. A sinceridade 97
  6. Nudez do espírito 98
  7. Vida interior e vida aparente 100
  8. Visão de si e de Deus 101

8. Solidão e comunhão 103
  1. Amor-próprio e solidão 103
  2. Claustros 104
  3. A solidão nos julga 105
  4. Ser o mesmo na sociedade e na solidão 107
  5. Separação 108
  6. Testemunhas 109
  7. Reserva e entrega 111
  8. Comunhão entre os homens 112
  9. A solidão povoada 114
  10. Solidão em Deus 115

9. O amor 117
  1. Amor e vontade 117
  2. Desenvolvimento do amor 118
  3. Amor-próprio e amor 119
  4. O desejo e a posse 121
  5. Amor e afeto 122
  6. Silêncio da intimidade 123
  7. O amor contemplativo 125
  8. O amor pessoal 126
  9. O amor criador 128
  10. O amor temporal e eterno 129
  11. Valor infinito do amor 130
  12. Amor e unidade 132

10. O tempo ... 135
1. O tempo, artesão da vida. ... 135
2. O tempo liberta e subjuga ... 136
3. Tempo e amor-próprio. ... 138
4. Gênese do tempo. ... 139
5. O passado. ... 140
6. O futuro ... 142
7. O ritmo do pensamento ... 143
8. O ritmo dos acontecimentos ... 144
9. Evasão do presente. ... 146
10. O ato de presença ... 147
11. Abolição do tempo ... 149

11. A morte. ... 151
1. Meditação sobre a morte. ... 151
2. O medo da morte ... 152
3. A proximidade da morte. ... 154
4. As relações com os mortos. ... 155
5. Morte e presença espiritual. ... 157
6. A morte cura o desejo. ... 158
7. A morte realiza o indivíduo ... 159
8. A morte é um cumprimento ... 161
9. Morte e solidão ... 162
10. Entrar na eternidade. ... 163

12. Os bens do espírito ... 165
1. O espírito contém tudo. ... 165
2. A alma e o espírito ... 166
3. Carne e espírito. ... 168
4. A escada de Jacó. ... 169
5. Os bens sensíveis. ... 170
6. Compartilhamento dos bens. ... 171
7. O estado de graça ... 173
8. Despossessão ... 174

Prefácio[1]

René Le Senne

I. A Consciência de Si, de Louis Lavelle[2]

Pode pôr-se o estudo do homem em dois diferentes níveis: há uma psicologia inferior e uma psicologia superior. A psicologia inferior é a psicofisiologia: ela espera da reunião contingente de condições materiais a produção de eventos psicológicos, que não seriam senão efeitos. Não investiga e não conhece os movimentos do espírito senão nos traços orgânicos, que lhe ligam as etapas, e nos desenvolvimentos materiais, pelos quais se manifestam no espaço comum a todos os homens. Como toda e qualquer ciência, ela tem um fim de cura, de reparação. O alienado que se mandou internar num asilo mostrou suficientemente que ele não podia adaptar-se a seu corpo nem à sociedade. O psiquiatra buscará elevá-lo ao nível em que o menos dotado dos homens normais sabe manter-se. Sobre toda e qualquer ciência pesa a lembrança desse sentimento de inferioridade que o homem não pode não sentir quando compara o volume de seu corpo com a imensidade da extensão alcançada por seu olhar.

---

[1] Traduzido por Carlos Nougué.
[2] R. Le Senne, "La Conscience de Soi, de Louis Lavelle". *Les Études Philosophiques*, n. 3/4, Presses Universitaires de France, dezembro de 1933, p. 130-38.

A esta psicologia, proveniente dos dias de infelicidade, opõe-se, acima dela, a outra psicologia, que é a única a que este nome convém, porque o homem não tem alma senão onde ele escapa à tirania do mecanismo corporal, alcançando o valor. A humanidade não é feita senão de crianças retardadas, de doenças escravas dos transtornos de seu organismo; senão de sujeitos imobilizados pela docilidade diante de um psicólogo. Esses mesmos são mais do que lhe parecem ser; e todos nós não existimos senão em razão dos movimentos que, por vias diversas e desigualmente diretas, nos religam ao absoluto. Há, a rigor, tão somente uma psicologia: a metafísica, se por metafísica se entende essa posse da realidade sem a qual nossos sentimentos, nossas ideias e nossos atos não seriam senão ilusões sem consistência, contingência sem fundo.

É desta psicologia espiritual que provém o último livro de Louis Lavelle, intitulado *A Consciência de Si*. No conjunto dos escritos, já amplo, do autor, aquele se situa na confluência de suas duas obras principais. Aparentado à *Dialética do Mundo Sensível* pela preocupação por reconhecer as dialéticas intelectuais que compõem os movimentos mais delicados de nossa experiência, tem sobre ela a superioridade de levar-nos da percepção, que se cristaliza na periferia da consciência, à sua intimidade mais sutil. Como porém esta não seria senão uma psicologia de todo subjetiva e vã se tal intimidade de si a si não fosse também a intimidade de Deus a mim, é a ontologia do tratado *Do Ser* que vem inspirar e dirigir as análises empíricas.

Estendido assim entre o eu empírico, separado, inquieto e curioso de si, e o eu divino, a uma só vez impassível e vivente, o livro dá prosseguimento à tradição dos moralistas franceses, que guardam com a experiência interior esse contato, essa familiaridade que os psicólogos de laboratório escarneceram sem ser capazes de substituir. É sentimento profundo do Sr. Lavelle que, em todos os momentos em que nossa atividade é feliz e livre, a descoberta pela qual reconhecemos e ratificamos o que somos já não se distingue da criação pela qual Deus se manifesta fazendo-nos. Este sentimento lhe permitia ora livrar-se sem preocupação da curiosidade de si sem impaciência moral ou metafísica, o que é próprio de Montaigne, ora, igualmente, partilhar a doçura tranquila de Fénelon, encontrando no amor de Deus um repouso que não tem necessidade de amanhã. Começado como uma análise de psicólogo, o livro prossegue e termina como uma doutrina de filósofo.

Toda e qualquer filosofia a que não basta a negação é um método de salvação. Para conduzir a isto, o tratado *Do Ser* havia afirmado e defendido a unidade, a univocidade e a universalidade de um princípio interior ao mesmo tempo ao objeto, aos sujeitos e a suas relações. Como o Ser não pode ser uma coisa, senão que deve ser um ato, era preciso que a separação das almas particulares lhes permitisse nascer, para encontrá-lo e comunicar-se voluntariamente com ele nesse movimento mesmo. Isso anunciava a psicologia que, já não considerando como de Deus esse movimento, mas como nosso, mostraria as dialéticas pelas quais operamos nosso retorno à fonte comum que nos inspira. O homem jamais está separado de Deus; mas ele crê que o está, e essa falsa crença é suficiente para que ele se sinta separado. Se todavia ele se abre à luz que o ilumina do alto e que não tem necessidade para iluminá-lo senão de sua anuência, a união restabelecida com Deus lhe devolverá a felicidade, que é, dele, contemplação, e, do Ato, criação.

***

A primeira frase do livro visa a afastar o leitor da escravidão com respeito à natureza, lembrando-o de que "a consciência é nosso ser mesmo". Sem reserva nem limites, desde o princípio e até ao fim, reconhece-se que a consciência não pode representar nenhum objeto, ainda que para excluí-lo de si mesma, sem já começar a obtê-lo. "Lança-se ao nada tudo que é subtraído da consciência." É ela que se afirma no que ela nega; ela preenche até os vazios que ela mesma abre no interior de si.

A filosofia que se propõe a identidade do ser e do saber estaria pois terminada antes de ter começado, se a consciência não opusesse ao Todo um ser que diz eu. Daí se segue que entre a unidade do Todo, distinta do Todo (p. 133), e a unidade do eu, distinta do eu, começa um diálogo que jamais se interromperá durante a vida senão para retomá-lo. No curso do tempo, que nos chama como indivíduos à existência (p. 135), é a condição estranha da consciência que ela é condenada a negar-se em cada eu que ela põe. Onde ela pensa que é, já não pode ser; e isso faria desesperar se justamente a divindade da consciência não se experimentasse no ato pelo qual ela põe, renova e desenvolve o eu. "Crio-me a mim mesmo assim como Deus cria o mundo" (p. 22). É pois da intimidade mais secreta que sai o duplo movimento pelo qual cada um ao mesmo tempo se descobre e se ultrapassa. A interioridade do ser através de todos os fenômenos não constitui senão algo uno com a interioridade mental, que torna todas as almas particulares concêntricas entre si e a Deus.

Distribui-se entre três grupos de capítulos a via que permite à alma separada encontrar a presença de si a si, onde atinge sua destinação. Eles compõem uma dialética cujo primeiro termo é o conhecimento (cap. II-IV); incompleta como toda e qualquer participação, ela suscita a atividade voluntária, mediadora e crítica (cap. V-VII), para concluir no amor, que confunde o eu e Deus (cap. VIII-IX).

Com efeito, idêntico a Deus na criação, o conhecimento deve distinguir-se dele em nós. Ele constitui nossa juventude, pois nos faz entrar na vida e renova indefinidamente nossa experiência. Sua essência é a atenção, ou, para empregar uma palavra reveladora de que a verdade não provém de nós, "o acolhimento". Conhecer é para o homem receber a realidade, não como um choque, cuja brutalidade não faria senão exprimir nosso enceguecimento, mas como um favor, cuja originalidade sentimos cada vez e cujo preço sentimos sempre. Ela faz-nos degustar o ser, mas não nos pode saciar-nos dele, pois nele experimentamos ainda a dualidade entre nosso desejo e sua plenitude. Deixando-nos em parte fora dele, faz-nos sentir nossa debilidade. Assim, na humildade do conhecimento, reúnem-se essa submissão indefinidamente dócil ao dado que é a objetividade, e a lembrança da distinção que impede ainda o cognoscente de confundir-se com o conhecido. Aqui ou ali, ela confina com o amor; mas essa intuição é evanescente como o presente, que nos debulha a eternidade.

Os fracassos do conhecimento nos despertam para a atividade. Mas nos enganaríamos gravemente se confundíssemos esta com a vontade. É quando a vontade merece seu nome que o eu se entrega a ela inteiramente; e ela já não se distingue da passividade perfeita, que é a identidade com o Ato divino. O que ordinariamente nos impede de estabelecer-nos nele é o amor-próprio. Ele sozinho faz aparecer todos os obstáculos por sua parcialidade e sua inflexibilidade, de maneira que a vontade, com respeito à qual, exprimindo-o a insuficiência, não tem nada melhor que fazer que voltar-se contra si mesma. O esforço é tão somente uma ação inábil entre duas contemplações; e o ócio, no curso do qual a alma distendida se oferece à graça, é o único capaz de introduzir-nos no amor.

Por isso é preciso sentir alguma desconfiança dos que não poderiam ouvir a voz de Deus senão na solidão do claustro. Seria de temer que o amor-próprio tivesse entrado ali com eles. O sábio encontra a solidão igualmente no mundo, pois "é o mesmo princípio o que anima nossa vida solitária e nossa vida no meio dos homens". O amor de Deus não deve tornar-se no esquecimento dos outros, e é comunicando-nos entre nós que nos comunicamos com ele.

Se a vontade, ainda agora rebelde e inapta, se converter em "consentimento", pelo qual nos oferecemos ao Ser, a alma perder-se-á e encontrar-se-á no amor, cuja essência é a infinidade. Eternidade, criação, atividade, unidade não são senão aspectos do amor universal de Deus por nós. É por metáforas tomadas da luz que melhor se simboliza a espiritualidade. Como ela, ele tem um foco, difrata-se em raios, preenche o que o acolhe com uma transparência perfeitamente pura, faz o fulgor das coisas que o refletem, assim como a opacidade daquelas que o absorvem. O amor é indivisível: o absoluto confunde-se nele com a fruição de si mesmo.

Dois capítulos sobre o tempo e a morte são talvez os que nos fazem entrar mais profundamente no pensamento do autor. O tempo é a uma só vez a razão e o signo de nossa imperfeição atual. É a ociosidade, por conseguinte o inverso do ócio, o que me entrega a ele; e, se cedo a ele, é meu ser inteiro que se dissolve na sucessão, feita de instantes que se negam uns aos outros. Nossa infelicidade chega ao ápice na nostalgia e na impaciência; e os infortunados são os que, à maneira dos judeus de outrora, oscilam entre o passado dos profetas e o futuro das profecias.

Não pensemos mais na infelicidade, que nos causamos a nós mesmos por amor-próprio. Aboli-la-emos abolindo o tempo. "Quem vive num presente imóvel", é a esse que está reservada a verdadeira alegria. A partir de então nos sucede a todos, em razão dessa humildade que abre ao amor, conhecer momentos de pura perfeição, nos quais a ação vem rematar-se na contemplação. Quando nos cabe tal feliz fortuna, na qual a graça suprime o mérito, nosso presente despoja-se do que a reflexão lhe deixava de negação: ele cessa de ser o "presente evanescente" para tornar-se o "eterno presente".

A morte é o acontecimento derradeiro que nos tirará de tais vicissitudes: ela é o "cumprimento". Para compreender o sentido desta palavra, há sem dúvida que reconhecer o avesso e o direito, não separar o aspecto exterior e negativo de sua possibilidade profunda. Do exterior, tal como o é para aqueles que veem morrer, o cumprimento é o endurecimento definitivo, que reenvia ao objeto todos os atos que exprimiram o morto. Torna seu passado irrevogável. O que ele havia feito permanecia até então à sua disposição, porque ele o podia retocar, completar, fecundar. E eis que com a morte tudo se petrifica. Uma imagem dele no espírito dos outros será seu testemunho; eles sentem que ele se lhes tornou estranho, e têm medo de mesclá-lo à sua própria alma.

Se o cumprimento não fosse senão tal queda e tal ausência, seria a morte outra coisa que o que o materialista pensa dela? No momento em que o autor abre diante de nós esse sepulcro vazio da alma, não o faz senão para convidar-nos a desviar-nos dele levando a termo sua doutrina da contemplação. Do interior o cumprimento há de ser a passagem, se esta palavra convém ainda a uma revolução metafísica, da participação, frágil e pobre, de um eu, que não pode depor completamente seu amor-próprio, à união sem acidentes e sem limites da alma com Deus. A essência que o homem escolheu para si ao longo da vida se realiza aí, em seu plano, na hierarquia divina das essências. Ela aí possui a perfeição de um ato imóvel. Durante a vida temporal, a ação buscava a contemplação; remata-se nela na morte, para estar-lhe definitivamente subordinada. O diálogo terminou: a consciência que tínhamos de nós mesmos e a que tínhamos do Todo se confundiram.

***

Bem pobre é esta análise em comparação com esse livro, tão rico de intuições íntimas e delicadas a que a metafísica não pode alcançar senão atingindo o desinteresse da arte. Podemos, por amizade, entrar na dialética do autor; mas só o livro pode iluminá-la, com a luz suave que lhe banha todas as partes. Ela purifica a alma do que o corpo poderia impor-lhe de rigidez e de violência. A espiritualidade permanece-lhe intelectual, sem que o espírito se aniquile diante da ideia. A felicidade que nos propõe o Sr. Lavelle é a alegria de uma visão sem tacha, nesse extremo em que toda febre lhe estaria excluída, porque a inteligência já não se distinguiria do inteligível, captado enfim sem sua unidade e em sua infinidade.

Pode discutir-se uma filosofia que se apresenta como uma dialética de salvação? Experimentamo-la; e por isso a integramos. A crítica, ao contrário, suscita e adensa um objeto entre duas almas. Recusando ao filósofo a simpatia que sua sinceridade chama, reconhecer-lhe-á mal a generosidade, que o faz publicar o que toda alma encerra de mais precioso, as *démarches*, espontâneas e refletidas, pelas quais se faz feliz e benfazeja. O que é verdade com respeito a toda psicologia do espírito, é-o no mais alto grau com respeito à do Sr. Lavelle, porque eleva o amor à categoria de valor supremo. Mesmo quando a crítica é um discernimento, comporta uma parte de repulsa, de negação. Afirmando-nos que a positividade perfeita é o único fim digno de nós, ela implica que os que se preocupam com criticar não compreendem e não amam.

Seria preciso, portanto, contentar-se com uma comunhão silenciosa com o autor, se ele mesmo não estivesse profundamente convencido de que todos os homens, malgrado, ou antes, pela união que os liga sem aniquilá-los, "guardam sua vida própria". Todo e qualquer destino é particular (p. 160). Por reduzida que seja a iniciativa que ele concede à alma pessoal, porque, seguindo a uma inspiração comparável à de Malebranche, a reduz a um acolhimento e a um consentimento, não a pode, porém, reduzir a nada. A vontade deve renunciar à vontade; é preciso, pois, que ela tenha começado por ser. O ato que se vai rematar na pureza há de ter envolvido a obscuridade de alguma potência. Aí está um desvio, por onde deslizarão as sensibilidades menos felizes que a sua, para pôr o valor numa vida mais diferenciada. O Sr. Lavelle não as lastimará, senão que as quererá amar. Podê-lo-á sem voltar ele mesmo a essas regiões da angústia humana, de onde todo método puramente intelectual de salvação se apresenta como um ideal? E "ideal" quer dizer também "irreal". Será a perfeição pura mais que um limite superior, mais fictício que um programa, indispensável à nossa busca, mas destinado a distraí-la?

Quando se admite o fato da angústia, ele se torna de direito. Não devemos dirigir-nos às almas dilaceradas para abrir-nos à sua influência, ainda que esse sofrimento resulte não somente de sua impotência, mas de sua maldade? Definindo o amor divino pela beatitude, opomo-lo ao amor humano, que não existe sem alguma ternura, onde o sofrimento intervém ao menos pela lembrança. Se ele faz entrar santos no Paraíso, seu primeiro ato deve ser descer ao inferno para ali converter os demônios. Eis-nos todos, portanto, divididos entre a harmonia e a dor; e, conosco, a filosofia, conduzida ao estudo de um presente muito menos definido como expansão de um ato todo-poderoso do que como operação de uma consciência, eternamente ocupada em buscar-se e criar-se em meio a entraves que resultam de suas inaptidões e de suas paixões provisórias. A moralidade já não é aqui a preparação miserável de uma beatitude que não poderia estabelecer-se sem que a suprimíssemos. Ela une a Deus e a nós numa busca e numa criação de que a eternidade é a fonte mesma.

A esta concepção, que abre diante da consciência um indefinido porvir de possibilidade real, o Sr. Lavelle responde (p. 164): "Deus envolve em si, no presente eterno, todas as existências possíveis". Que quer dizer "envolve"? Se esta palavra afasta, exclui a contingência, a reduz a uma ilusão humana, a possibilidade confunde-se com a unidade do necessário, e eis-nos no spinozismo. Deus é natureza. Se, ao contrário, há possíveis para Deus como para nós, e efetivamente deve havê-lo se escolhemos nosso lugar na "Rosa celeste", se a criação é mais que uma fastidiosa dedução, como o deve ser se Deus nos associa segundo nossa moralidade à sua potência criadora, é no interior do tempo, em alguma medida ao menos, em ligação com ele, por uma conversão que no-lo subordina sem aniquilá-lo, que alcançamos a eternidade. A consciência é feita para opor sempre o não ser ao ser. Que seria uma salvação sem consciência? Se fosse de outro modo, nós não teríamos caído da eternidade no tempo; e, se tal era preciso para que interviesse nossa escolha, por que não interviria senão em uma vida?

Isso acrescenta as análises e a dialética do Sr. Lavelle; não suprime nada. O sofrimento é o que não cessa de protestar contra si. Quanto mais concedamos ao pessimismo, mais seremos levados a reforçar em nós a potência da ideia de Deus, a exaltar o ideal religioso do amor universal. Por isso é de desejar vivamente que este livro do Sr. Lavelle não só tenha a mais larga difusão, mas sobretudo exerça sobre cada leitor sua eficácia mais íntima. Vinte causas debilitaram no homem o sentimento de seu valor. O peso sempre inevitável da percepção sobre o espírito é agravada, em nosso tempo, pelo prestígio da ciência, que lança o eu ao espaço, onde ele não pode senão sufocar; e, derradeira antropolatria, que resulta dos sucessos materiais da física, o homem contemporâneo dissimula mal o desprezo metafísico de si mesmo. O Sr. Lavelle serve ao destino eterno da filosofia devolvendo o eu à consciência de si, que não pode ser senão a consciência de Deus, se é preciso, em definitivo, que o espírito seja primeiro ou nada; e depois elevando a confiança, essencial para nossa existência, à perfeição, sempre difícil e frágil, mas por vezes obtida, da serenidade.

R. Le Senne (1882-1954)

Filósofo francês. Professor na Sorbone, foi, ao lado de L. Lavelle, um dos maiores representantes do espiritualismo do entreguerras. Entre outras obras, é autor de *Introdução à Filosofia* (1925), *Obstáculo e Valor* (1934) e *Tratado de Caracterologia* (1945).

1. A CONSCIÊNCIA DE SI

1. A consciência é nosso próprio ser

A consciência é uma pequena chama invisível e que tremeluz. Pensamos com frequência que seu papel é iluminar-nos, mas que nosso próprio ser está em outro lugar. No entanto, é essa claridade o que somos. Quando ela decresce, é nossa existência que cede; quando se apaga, é nossa existência que cessa.

Por que dizer que ela nos dá, daquilo que existe, a imagem mais imperfeita? Essa imagem é, para nós, o verdadeiro universo: jamais conheceremos outra. Por que dizer que ela nos encerra numa solidão onde jamais encontraremos companheiro? É ela que confere um sentido às palavras sociedade, amizade ou amor. É nela que se forma o desejo, mas também o sentimento da posse, que é a própria posse.

Quando busca um objeto fora de si e sofre por não poder alcançá-lo, a consciência sofre por seus limites e busca apenas crescer. É que para ela não pode haver objeto além do que ela é capaz de conter. Pode-se muito bem dizer que ela está encerrada em si mesma como numa prisão: é uma prisão cujos muros recuam indefinidamente.

Mas quem poderia pensar que a consciência é uma prisão, senão quem fecha todas as suas aberturas? Quando a consciência nasce, o ser começa a se libertar das correntes da matéria; ele pressente sua independência: uma carreira infinita se estende diante dele, a qual supera todas as suas forças e jamais sua esperança. À medida que a consciência cresce, torna-se mais acolhedora; o mundo inteiro lhe é revelado; ela se comunica com ele e se enche de alegria ao encontrar à sua volta tantas mãos que se estendem.

Não existe estado da consciência, mesmo o sofrimento, mesmo o pecado, que não seja mais valioso que a insensibilidade ou a indiferença. Pois eles são marcas do ser e da vida que mostram a potência com que ela se deixa comover. Não se deve buscar aboli-los, mas convertê-los. Lança-se ao nada tudo que é subtraído da consciência. A maior, mais rica e mais bela consciência é a que unifica o maior número de impulsos e purifica o maior número de máculas.

2. Ambiguidade da consciência

É próprio da consciência romper a unidade do mundo e opor um ser que diz Eu ao Todo do qual ele faz parte: nesse intervalo que os separa, ela produz a incessante comunicação que os une, ela insinua a um só tempo o pensamento, a ação e a vida. Mas a consciência que produz todos esses movimentos está condenada a deixá-los inacabados; por isso, sempre existe nela uma inabilidade, um mal-estar, uma inquietação e até um sofrimento. É a punição do erro original, isto é, da separação.

Mas a consciência é também o princípio de toda redenção, visto que permite uma imitação de Deus e um retorno a ele. Sucede porém que os progressos que ela realiza, as alegrias que experimenta, só poderiam consumar-se com seu desaparecimento.

Onde quer que a consciência apareça, observa-se uma ambiguidade que a impede de se fixar. É a consciência o que nos ata a nós mesmos, à nossa carne secreta e separada; e no entanto é ela que rompe nossa solidão e nos faz comunicar com todo o universo. O homem é uma parte do mundo por seu corpo; mas tenta fazer o mundo inteiro caber em seu espírito: e é essa dupla relação entre o corpo que está contido no mundo e o espírito no qual o próprio mundo está contido o que constitui o drama da existência. A consciência não consente em se identificar com o corpo, que é para ela um companheiro cego e indócil, nem com o espírito, diante do qual é ora aquiescente, ora rebelde. O eu consiste precisamente nesse movimento de vaivém que alternadamente torna minha convivência mais estreita ora com um, ora com outro.

A consciência nos incita a agir para sair da imobilidade, mas também a só agir por uma finalidade capaz de nos satisfazer plenamente. A liberdade se exerce no intervalo entre essas duas aspirações, uma que nos impele, outra que nos retém, e oscila entre todas as aparências que a seduzem.

Assim, na consciência existe, a um só tempo, perfeição – visto que ela acresce o que somos, nos permite brilhar no mundo para além dos limites do corpo e nos dá uma espécie de posse espiritual do universo – e imperfeição – visto que, ao mesmo tempo, ela é feita de ignorância, de erro e de desejo. A consciência é uma transição entre a vida do corpo e a vida do espírito. É um perigo, visto que pode ser posta a serviço do corpo, o qual, porém, não para de ser ultrapassado por ela. É uma interrogação perpétua, uma hesitação que não para de nos dar insegurança em nossa vida cotidiana; e, no entanto, é uma luz que nos guia para a segurança de uma vida sobrenatural.

3. A consciência é um diálogo

Quando se está a sós, diz-se que se está a sós consigo mesmo, o que implica que não se está sozinho, mas a dois. O ato pelo qual nos desdobramos para ter consciência de nós mesmos cria em nós um interlocutor invisível ao qual perguntamos nosso próprio segredo. Contudo, desses dois seres que nascem em nós assim que a consciência aparece, dos quais um fala e o outro escuta, um olha e o outro é olhado, jamais sabemos qual somos nós mesmos: assim, toda consciência é obrigada a encenar para si uma espécie de teatro no qual o eu não para de se buscar e de fugir de si.

Isso se vê muito bem na memória, que é o melhor instrumento do conhecimento de si, o mais sutil e o mais cruel. Nunca se tem consciência do que se faz, mas apenas do que se acabou de fazer. A memória supõe um recuo, um despojamento de todo interesse que nos permite perceber nossa própria realidade numa espécie de transparência purificada: mas essa realidade já nos é estranha, e reconhecê-la é também renegá-la.

A consciência que temos do universo é ela própria um diálogo entre o universo e nós, no qual o universo fala conosco tanto quanto falamos com ele. Ao observar seu próprio corpo, os outros homens e a natureza inteira, o eu se observa nas testemunhas fora das quais ele nada sabe de si mesmo. Jamais consegue apreender diretamente sua verdadeira natureza; no entanto, o mais humilde dos seres, o menor dos objetos, o mais frívolo dos acontecimentos são como tantos signos que lhe proporcionam sua revelação. E o espaço inteiro é um espelho infinito no qual ele discerne o jogo de suas diferentes potências, a eficácia e os limites delas.

Quem quer se conhecer de mais perto se olha em outro eu, que é sempre um espelho mais comovente. A descoberta de outra consciência é semelhante, para nós, à daqueles lugares privilegiados onde percebemos os ecos de nossa própria voz com atraso suficiente para que nos pareçam distintos, ou à daqueles poços profundos onde eles repercutem com uma gravidade sonora que nos dá uma espécie de comoção.

4. A consciência criadora do eu

Pensar é ter consciência de si, é possuir-se a si mesmo. Mas não existe diferença entre o ato pelo qual eu me conheço e o ato pelo qual eu me crio. Assim como a fecundidade do ato providencial não para de produzir novos seres no mundo, eu também não paro de produzir novos estados em mim pelo ato de minha atenção: assim, graças à operação da consciência, crio-me a mim mesmo assim como Deus cria o mundo.

De fato, em que consiste o eu senão no que cada um conhece de si mesmo? Não posso atribuir a mim nada do que ignoro: isso pertence a um ser ao qual estou unido, mas cujos movimentos não posso identificar comigo enquanto não se tiverem tornado, para mim, um objeto de conhecimento e de assentimento. Assim, só existe alma para quem conhece sua alma e, conhecendo-a, faz com que ela seja. E pretender conhecer-se a si mesmo não é pressupor que se existe antes de se conhecer a si mesmo, assim como as coisas existem antes que o olhar pouse nelas: a particularidade do conhecimento de nós mesmos é precisamente a de constituir-nos.

É que conhecer-se não é descobrir e descrever um objeto que é o *si*: é despertar em si uma vida oculta. A consciência me revela potências que ela emprega. Para o eu ela é a um só tempo uma análise e uma eclosão.

Minha natureza, diz-se, é múltipla e feita de potências que me pertencem antes que eu as conheça. Mas conhecê-las é exercê-las. E, antes que eu as exerça, poderei chamá-las minhas? Na verdade, não posso chamar meu a esse tesouro obscuro do qual não paro de haurir, que me propõe continuamente novos dons e que se retira de mim assim que minha atenção se debilita ou minha vontade se recusa.

5. O eu se escolhe

Por que falais sobre o eu como se ele fosse uma coisa? Nada existe nele além do poder de se tornar a cada instante alguma coisa, isto é, outra coisa. Pois cumpre que o espírito nada seja, para que a tudo possa acolher; que seja invisível, para que seja transparente a todos os raios; que seja menor que o grão de mostarda, para que nada possa obter senão por sua própria germinação; que seja despojado de todo corpo e de toda posse particular, a fim de que tudo aquilo em que ele puder tornar-se seja efeito de sua pura operação ou de seu consentimento puro.

O eu só pode conhecer-se expressando-se. Mas, ao se expressar, ele se realiza; toma posse de certas disposições que até então estavam nele sem ser ele, e só se tornam suas pela escolha e pelo uso que ele faz delas. É esse eu expresso pela ação e pela fala o que manifesta nossa existência aos olhos alheios; é ele o objeto da memória, e que forma pouco a pouco nosso ser mais secreto. Assim, o eu não é um ser dado, mas um ser que não para de se dar a si mesmo: e o sentimento que ele tem de si é menos a revelação do que ele é do que um chamado ao ato pelo qual ele será.

O eu tem sempre um modelo ao qual tenta assemelhar-se: mas escolher um modelo já é começar a realizar-se. O eu é um debate entre vários personagens: mas sempre existe um do qual ele se torna solidário. Encontra-se no eu uma multiplicidade de elementos que formam a matéria de sua atividade, o corpo, os desejos, os sonhos da imaginação e até a razão: mas cada um deles pode tornar-se o objeto exclusivo de seus cuidados, a ponto de, no fim, confundir-se com ele próprio. Ora, visto que o eu se torna o que escolheu, importa que ele regule sua escolha, pois nele existe a semente de todos os vícios e, para fazê-los crescer, basta um pouco de complacência.

No entanto, escolher o melhor não é mutilar sua natureza, nem desviar o olhar de seus movimentos mais baixos, nem empenhar-se em sufocá-los: é empregar a força que aí se esconde, é dar-lhe outro rumo e transformá-la. Então o eu para de ser dividido. Mas ele só é uno quando se unifica. É próprio da vida espiritual produzir a intimidade mais perfeita entre os seres múltiplos que habitam nossa consciência. Cada um deles – é verdade – manifesta ora um pudor pelo qual se esquiva, ora um amor-próprio pelo qual busca triunfar. No entanto, como na sociedade exterior e visível onde todos os indivíduos devem aceitar estender as mãos uns aos outros, compreender-se e apoiar-se mutuamente, é preciso que cada uma de nossas potências interiores consinta em falar e em escutar alternadamente, em desempenhar seu papel conciliando-o com o de todas as outras. A paz consigo mesmo é não raro mais difícil de obter do que a paz com outrem: mas a consciência é um povo tumultuoso do qual o eu é o árbitro e o conciliador.

6. A intimidade mais secreta

A consciência é um mundo íntimo e fechado que é descoberto por nós numa espécie de tremor. E a atenção que dedicamos à sua vida oculta nos revela aí um jogo infinito de matizes diferentes, torna-se o princípio de todas as delicadezas de nossa sensibilidade e multiplica em nós os melindres e as feridas. À medida que cresce nosso ser invisível, nosso amor-próprio cresce também.

Existe uma forma de vida interior que consiste em não deixar de reter nenhum desses estremecimentos, a fim de prolongá-lo e de nele se comprazer. Mas esse retorno do eu a si mesmo produz nele uma espécie de estreitamento; dá-lhe apenas uma posse ilusória que o extenua e o impede de se renovar e de se ampliar.

É preciso descer mais na intimidade para descobrir em si outro mundo, no qual o amor-próprio, em vez de se refinar, se dissolve; mas cada um de nós sente uma emoção incomparável ao provar sua riqueza, sua profundidade e sua infinitude: é um mundo no qual somos todos chamados a comungar. Diante dele o mundo aparente recua e perde sua realidade: nossas preocupações miseráveis se fundem; nossa vida se ilumina e se transfigura. Dir-se-á que esse é um país longínquo e ignorado no qual não se pode penetrar sem uma graça sobrenatural? É verdade que quem fala dele parece empregar uma linguagem misteriosa, quimérica, despojada de todo e qualquer interesse humano. Mas, ao prestar ouvidos mais atentos, reconhecem-se pouco a pouco todas as palavras. Pois esse viajante vem do paraíso, de um paraíso espiritual que cada um traz em si e que basta desejar para descobri-lo e nele viver.

De todas as formas de verdade que se revelam a nós, a que é verdadeiramente nossa e que nos descobre tal como somos é tão única e tão pessoal, que mal ousamos dizê-la e jamais conseguimos comunicá-la realmente: a intimidade mais profunda é também a intimidade mais fechada. No entanto, os homens que são incapazes de qualquer intimidade verdadeira consigo mesmos são-no também em relação a outrem. Isso porque, em ambos os casos, a intimidade só pode ocorrer no momento em que o amor-próprio é abolido. Forma-se então na consciência um santuário interior ao qual todos os seres têm acesso conforme seu grau de sinceridade e onde eles reconhecem a identidade de seu segredo comum. Pois a essência da consciência consiste em ser impenetrável e em penetrar tudo: e ela penetra tudo o que existe sem sair de si mesma. Assim, é a consciência que se retirou para mais longe no coração de si mesma que é também a mais acolhedora: é ela que mais dá e que mais recebe, e já nem faz distinção entre dar e receber.

7. *A consciência desinteressada*

Tão logo a consciência é despertada, o ser que sente e que age dirige seu olhar para todos os bens que lhe pertencem, redobra indefinidamente a presença deles pelo pensamento, compraz-se e envolve-se em sua posse e em sua fruição.

No entanto, a mesma consciência capaz de nos subjugar é também capaz de nos livrar; pois ela nos proporciona o espetáculo de nossos próprios estados, que então nos aparecem como os de outro. Percebemo-los, assim, sob uma luz mais pura: obtemos, em relação a eles, uma espécie de desinteresse: desprendemo-nos do que o olhar nos mostra para unir-nos ao olhar que vê; e tudo o que existe em nós recebe, desse olhar que o envolve e penetra, uma radiância invisível.

O conhecimento que possuo de minha própria dor não é doloroso, assim como o conhecimento que tenho da cor não é ele próprio colorido. Essa impassibilidade da consciência é a presença em mim do olhar com o qual Deus contempla todas as coisas; mas estou tão distante de Deus, que o olhar que deveria desprender-me de meu mal lhe dá, com frequência, mais acuidade.

A impassibilidade é a própria condição do conhecimento. Mas essa impassibilidade não deve ser confundida com a indiferença nem com a dureza. Sem dúvida ela nos torna insensíveis diante de todos os movimentos do amor-próprio. Não o faz, porém, senão para nos tornar semelhantes a uma superfície polida e nua, na qual os matizes mais fugidios do real, seus aspectos mais frágeis revelam sua presença numa pincelada infinitamente delicada. Essa impassibilidade é o estado de uma sensibilidade pura; ela já não se distingue de um conhecimento perfeito.

O ser que se olha como a um objeto se lança no universo para tornar-se o espectador de si próprio; mas então já está acima desse ser que ele olha. O ser que conheço em mim já não sou eu assim que o conheço: já é outro. Assim, a consciência é um ato pelo qual eu me torno superior a mim mesmo.

Foi dito que cada consciência é a imagem do que está acima dela e o modelo do que está abaixo dela; isso significa que, sem sair de si mesma, ela pode conhecer tudo o que existe. Mas, ao abrir diante de nós o infinito, a consciência nos mostra a miséria de todas as nossas aquisições. Para que serviria a consciência se ela encerrasse o eu em seu próprio cerco? No entanto, ao revelá-la, ela nos convida incessantemente a superá-la. E é por ser desinteressada que ela nos livra de nosso apego a nós mesmos e, por conseguinte, de nossos limites.

8. Descobrir-se é superar-se

Só se toma consciência do próprio ser e da própria vida em uma emoção tão plena de angústia, de alegria e de esperança, que ela nos dilacera e quase nos faz desfalecer. Essa emoção, que deveria ser permanente, é, porém, difícil de surpreender; quando ocorre, rapidamente se apaga, a fim de nos deixar livres para dispor de toda a nossa atenção e toda a nossa vontade para tarefas particulares. Assim que conseguimos concentrar nela o nosso olhar, isto é, perceber com lucidez a presença do universo e nossa presença no meio dele, o dia que brilha para nós brilha com a mesma luz miraculosa que o primeiro dia da criação.

Todos os que, nessa primeira descoberta, só experimentam prazer ainda não penetraram até a raiz do ser e da vida. Mas, quanto mais o sentimento que experimentam adquire profundidade, mais esse primeiro prazer lhes parece frívolo. É que avaliam sua responsabilidade para com esse destino que se abre diante deles e que depende de sua iniciativa, diante dessa potência criadora que lhes foi dada e que eles temem exercer.

Muito diferentemente daquele que, aprisionado nos dédalos de seu amor-próprio, se torna cego na complacência dolorosa que tem por si mesmo, aquele que busca conhecer-se já começa a fugir de si. É preciso que ele se separe de si mesmo para ver-se. É próprio da vida interior, precisamente, permitir-nos escapar sem descanso do que somos e tornar viva uma ideia de nós mesmos que nos revela sem descanso novas potências, mas obrigando-nos a empregá-las.

Assim, ao buscarmos conhecer-nos, buscamos sempre mais o que devemos ser do que o que somos: buscamos sempre o que nos falta, e só podemos encontrá-lo num princípio que nos obriga sem cessar a renegar-nos a nós mesmos para superar-nos a nós mesmos.

A consciência nos revela a presença desse ser individual que se agita em cada um de nós, que estremece, deseja e sofre. Mas tomar consciência dele é parar de se identificar com ele. O eu só se realiza mantendo-se tão distante quanto possível de si mesmo, isto é, do que ele já é, e tão próximo quanto possível daquela ideia do Todo do qual ele é apenas uma parte, mas com o qual se comunica e do qual haure um enriquecimento perpétuo. O mistério do eu é ser apenas desejo, é só se realizar saindo de si e, por assim dizer, é estar onde ele ainda não está, mais ainda do que onde já está. Ele só tem a certeza de se descobrir quando se livra de si; e não existe nenhuma outra vida para ele que a de incessantemente partir de si mesmo e refugiar-se incessantemente em outro eu mais vasto que está sempre além dele próprio.

2.0 CONHECIMENTO

1. Sombra e luz

Existe uma única verdade que penetra todos os espíritos, embora ela assuma, neles, as formas mais diversas, assim como existe uma única luz que ilumina todos os olhares, embora nenhum deles seja tocado pelos mesmos raios. Semelhantemente à luz, a inteligência nos revela tudo o que existe; ao tirar tudo das trevas, parece haver criado tudo. Apresenta-se diante do olhar como que para se entregar a ele; mas é preciso que o olhar, por sua vez, se apresente diante dela para acolhê-la. Assim como a luz é constituída por um feixe de cores, a inteligência é constituída por um feixe de emoções: e a inteligência mais pura é a que funde em si o maior número de emoções sem deixar transparecer nenhuma.

A luz é o princípio das coisas, e é sua sombra que serve para criar tudo o que existe. É unicamente em sua sombra que somos capazes de viver. Contemplamos todos os objetos numa luz que vem do Sol, e não de nós. E percebemo-los numa semiclaridade como uma mescla de sombra e de luz. A sombra é, portanto, inseparável da luz; é íntima, secreta, protetora. É pela sombra que a luz abriga o olhar de seu fulgor, assim como é pela sensação que a verdade abriga a alma de sua ponta mais aguda.

É-se cegado ao olhar o Sol como quando se olha o espírito puro. Só se pode ver a infinidade dos corpos que refletem e captam diversamente a luz, assim como só se podem conceber ideias particulares, cada uma das quais expressa uma das faces da verdade. A luz é semelhante a Deus: não se pode vê-la, e é nela que se vê todo o restante. É ela que banha tudo o que existe: é ela que torna tudo visível. Assim, cumpre que o princípio do conhecimento escape, ele próprio, ao conhecimento: ele só pode conhecer o que lhe é oposto. Pois a luz que ilumina tudo é incapaz de receber a iluminação. Só apreendemos o combate entre a sombra e a claridade, o intervalo que separa as sombras, os limites da luz e, por assim dizer, o que ela não é, mais do que o que ela é. É papel dos corpos absorver a luz, e é papel dos espíritos propagá-la. É por isso que se veem os primeiros, e não os outros. E até é próprio da verdadeira luz não ser percebida por aqueles que a têm: estes se tornam focos que iluminam justamente aqueles que não a têm.

Existem espíritos transparentes que deixam passar toda a luz que recebem; outros que, semelhantes a espelhos, a remetem inteiramente à sua volta; outros, enfim, que, como corpos opacos, a enterram em suas próprias trevas. Cada espírito procura, a fim de habitá-la, a zona de luz que lhe convém: poucos podem sustentar a luz pura; alguns se comprazem nas oposições mais violentas entre a sombra e a claridade; outros preferem a penumbra ou a claridade difusa.

2. O olhar

A beleza das imagens vistas nos espelhos não vem da beleza dos objetos por eles refletidos, mas da perfeição e da pureza de sua superfície. A mínima desigualdade de nível, a mínima poeira bastam para deformar a imagem, mutilá-la, torná-la irreconhecível. O espelho é semelhante a um olhar. Os olhares que têm mais clareza e profundidade são os que recebem e devolvem mais luz: e já não se sabe se essa luz vem do fundo deles ou se eles se limitam a recebê-la. Como espelhos, eles nos entregam alternadamente os aspectos mais mutantes do real por meio de sua invisível presença; e não são de forma alguma alterados por essas imagens passageiras; não retêm nenhum traço delas. O puro olhar, enfim, só apreende do real as cores frágeis que estão fora do alcance da mão, assim como o espelho representa os objetos atrás de si num lugar de onde a substância deles escapou.

Existe no livre movimento das pálpebras uma imagem da atenção voluntária. Pois cabe a nós abrir os olhos e fechá-los; mas não cabe a nós criar o espetáculo que lhes é oferecido.

O olhar não produz a luz: somente a acolhe. Da mesma forma, o ato mais perfeito da inteligência é um ato de atenção pura. Mas a visão é a alegria do olhar; quando o olhar vê, perde sua independência e parece abolir-se: é que se tornou algo uno com seu objeto.

Tal como o olho, o espírito tem sua pupila, que deve deixar a luz penetrar e que se torna mais estreita à medida que a luz é mais viva. Tão logo a passagem lhe é dada, a luz se infiltra em toda parte, como a água. Mas nosso amor-próprio lhe opõe sem cessar novas telas. O papel da atenção é retirar a tela. E de imediato, pela abertura, a luz nos inunda.

É porque o olhar reflete a luz que ele próprio parece luminoso. É tão difícil fixar o olhar quanto fixar o fulgor da luz. E, no entanto, não existe conhecimento tão simples nem tão penetrante quanto o que se realiza pelo encontro dos olhares: os olhos revelam a direção do desejo, o ardor com que ele toma posse de todos os objetos que lhe são oferecidos; no contato de um instante, eles entregam ou recusam o ser.

3. *A visão e a audição*

Se o conhecimento se distingue do real e, todavia, o pressupõe e imita, podemos compará-lo justamente à imagem refletida pelo espelho ou ao som repercutido num eco. O objeto visível não é mais que uma massa obscura até o momento em que o raio que o tocou toca um olho vivo que o envolve no círculo de seu horizonte. Um som não é mais que uma vibração do ar até o momento em que encontra um ouvido que o capta e reproduz em sua concha misteriosa. A visão e a audição são os sentidos do conhecimento: estão voltados para o universo que nos cerca e povoam-no de imagens e ecos; um torna o mundo visível, mas por um espetáculo tão secreto, que um único ser é capaz de vê-lo; o outro torna o mundo sonoro, mas por uma tecla tão interior, que um único ser é capaz de ouvi-lo.

O tato nos dá do mundo uma posse carnal: estende até o objeto a posse que temos de nosso próprio corpo. No entanto, a posse do mundo pela visão é mais intelectual, mais desinteressada e mais perfeita. É preciso que o objeto se distancie de mim para que emerja das trevas e apareça na luz; então, em vez de apenas sentir sua presença, eu o abarco como a um quadro: apreendo seu contorno e sua cor; distingo as relações delicadas de seus elementos e o lugar que ele ocupa no meio do mundo. Por mais que minha mão o percorra à vontade na escuridão, é a visão, no momento em que o descobre diante de mim, que me proporciona sua revelação. Então ele se torna um puro objeto de contemplação. Pois a visão se aplica ao mundo material, mas confere-lhe um rosto espiritual. Apreende apenas uma imagem, que se assemelha a uma ilusão enquanto o toque não a confirma; mas entrega-nos, a um só tempo, aquelas partes do mundo que o movimento só nos permite encontrar sucessivamente. É por meio dela que o mundo é grande: só ela nos descobre o Céu. O universo visível possui uma majestade imóvel e silenciosa; e os movimentos que ele nos mostra, quando o som se retira deles, assemelham-se a atos do pensamento.

A audição, ao contrário, registra todos os abalamentos sofridos pelos corpos: são mensagens que eles nos enviam. O objeto iluminado recebe de fora a ação da luz; mas o som parece obedecer a um impulso interior, como a voz o demonstra. Ao proferir a palavra, damos à coisa uma alma. A luz nos revela o mundo: mas foi o Verbo que o criou. A visão nos faz comunicar mais com a natureza, a audição com o homem; e o timbre da voz é menos rico que a fisionomia, mas nos comove mais profundamente. Ver é descobrir a obra da criação; ouvir é ter com o criador uma espécie de cumplicidade.

4. O ardor da inteligência

O ardor da inteligência é um ardor de todo o ser; pressupõe o ardor dos sentidos. Este último, é verdade, é suscetível de distrair a inteligência e de cegá-la: sucede fazê-la sucumbir. Mas sem o ardor dos sentidos a inteligência esmorece: ela precisa desse fogo que a reanima e que ela não para de alimentar. Existe neles uma potência de penetração cuja ponta extrema é por ela aguçada. Não se trata, portanto, de vencer os sentidos, mas de fazê-los servir ao abalamento da inteligência, a única capaz de lhes dar um verdadeiro apaziguamento. Todo conhecimento afina e purifica a ação de algum sentido; e a inteligência não abole a sensação, mas a aperfeiçoa e a consuma. A chama que se nutriu dos materiais mais impuros pode terminar num feixe de pura luz.

A vida é um grande movimento de desejos satisfeitos e renascentes: é preciso que eles se sustentem mutuamente, em vez de combater-se uns aos outros; e os mais imperfeitos, que não raro são os mais violentos, conferem-nos uma potência cujo emprego cabe a nós determinar.

Dizia Goethe: "Quando não se fala das coisas com uma emoção plena de amor, o que se diz não merece ser proferido." E Madame du Deffand, com vivacidade maior: "Ora, ora, só as paixões fazem pensar."

Quem nunca sentiu em si a pontada do desejo sensível permanece sempre estranho àquilo que conhece: ignora as delicadezas, os pudores, as defesas de quem busca o conhecimento porque coloca a alegria superior da solidão na espera ansiosa de que essa mesma solidão se rompa. E a inteligência só lhe fornece artifícios engenhosos: pois a inteligência não pode ver a verdade sem que a alma seja tocada.

O contato com o real sempre comove a parte mais íntima de nosso ser: basta que esta última permaneça surda para que a natureza pareça sem voz. É preciso adiantar-se às coisas com toda a atividade do pensamento e do amor: pensar e amar é descobrir nossa presença no mundo, é sentir e realizar entre nós e o mundo uma unidade sobrenatural. O conhecimento não pode, portanto, ser separado do desejo: ele é um desejo de união com a própria totalidade do Ser. Mas existe entre a inteligência e seu objeto uma espécie de chamado recíproco. Por isso, o objeto parece dirigir-se para a inteligência por um movimento de amor: existe nele uma necessidade de fecundar a inteligência, que o recebe em si e o envolve em luz. Ele não para de doar-se, contanto que, por sua vez, seja desejado.

5. *Volúpia de raciocinar*

Existe na prontidão para raciocinar uma espécie de volúpia que ainda é uma volúpia do amor-próprio, da carne e do mundo. Não se vê homem algum, se for bem-sucedido nisso, que não experimente satisfação nos jogos sutis da dialética: é que esses jogos demonstram sua habilidade e lhe prometem uma vitória. Existe menos gosto da verdade, cuja evidência o humilha, do que do argumento, cuja invenção o lisonjeia. São os argumentos sem matéria, ou que parecem arruinar uma verdade comum, que lhe dão os prazeres mais intensos. Não raro ele busca justificar com esse jogo aquilo de que não está seguro. Chega até a se deleitar com enganar-se a si mesmo tanto quanto com enganar a outrem.

No entanto, não se pode perceber claramente a verdade de algo sem perceber claramente suas razões. As razões colocam a verdade ao alcance de nosso espírito e nos dão a ilusão de criá-la e de assistir à sua gênese. O raciocínio assemelha-se ao tato: tal como a mão do cego, que percorre sem interrupção uma superfície lisa sem jamais abarcá-la por inteiro, é preciso que o raciocínio nos entregue sucessivamente uma série de razões cuja continuidade ele deve fazer-nos sentir. Mas a visão nos descobre o objeto num único olhar. Assim, quem percebe a verdade por um ato de contemplação é colocado de saída acima de todas as razões. Nem o conhecimento do que preenche o mundo no presente nem o conhecimento de mim mesmo ou de Deus são conhecimentos por razões.

Mas a dialética, ao me obrigar a conciliar todos os meus conhecimentos particulares, pode romper o contato com o real e engendrar todos os artifícios. Mil contradições nascem sem descanso das limitações e das refrações a que a verdade está necessariamente submetida na consciência de um ser limitado. Não se deve permanecer no terreno onde elas nascem para buscar entre elas um arranjo engenhoso; é preciso alçar-se a um cume mais elevado, de onde se possa abarcar um horizonte mais vasto no qual, por si mesmas, elas se conciliem.

Assim, existe certo gosto do raciocínio que é um gosto da habilidade e dos caminhos cheios de meandros: ele carrega a marca do amor de si. É possível livrar-se dele por uma purificação interior que deixa ao raciocínio seu papel de auxiliar e lhe pede que nos conduza por degraus até um ato de pura visão; é só quando este se realiza que o indivíduo se esquece, que sua inteligência se exerce e a verdade se torna presente para ele.

6. Humildade do conhecimento

O verdadeiro conhecimento consiste em se apagar diante do objeto. São os mais capazes de se apagar que recebem de fora e de dentro as pinceladas mais numerosas e mais delicadas. O respeito à experiência externa e interna expressa uma perfeita modéstia diante do universo e uma perfeita devoção diante de Deus.

Muitos homens experimentam um prazer malicioso em descobrir os segredos da natureza e um prazer conquistador em dominá-la, submetendo-a a seus desígnios: mas sentimos uma alegria mais serena e mais luminosa quando nos contentamos com percebê-la. Só se julga das coisas com retidão quando se renuncia a essa soberania que o eu se arroga com demasiada frequência sobre elas; então, no espelho uniforme e claro da inteligência, ganha-se a aptidão para receber sua forma pura. O verdadeiro conhecimento não é uma exaltação do amor-próprio que busca reinar sobre o mundo a fim de subjugá-lo, mas uma abdicação do amor-próprio que se inclina diante do mundo com admiração e docilidade; o conhecimento é suficiente quando nos permite reconhecer nosso lugar no mundo e nele desempenhar nosso papel com simplicidade e discrição.

Cumpre que o homem não recuse nenhum dos conhecimentos que se oferecem a ele por encontro ou por vocação. Cumpre que ele não busque nenhum. A maioria dos conhecimentos nos é tão exterior quanto os bens materiais; é inútil e infla o espírito, em vez de esclarecê-lo. O número de conhecimentos suficiente para proporcionar sabedoria é muito pequeno; e trata-se de conhecimentos muito simples, acompanhados de uma evidência a um só tempo muito profunda e muito doce. São eles, no entanto, que somos levados a esquecer ou a desprezar em prol de certos conhecimentos curiosos e distantes, sem relação com nossa vida, sobre os quais se pensa que devem impressionar o outro e dar-nos celebridade.

É que o amor-próprio se interessa menos pelo conhecimento em si do que pelo orgulho que dele pode extrair; rebaixa-o, se acredita poder encontrar nesse desprezo a menor vantagem; compraz-se em escarnecer de todos os que se deixam vencer rápido demais; com frequência considera que se destaca inventando razões sutis para duvidar das verdades mais bem estabelecidas. Mas o conhecimento é uma comunhão com o real e não uma derrota ou uma vitória: é uma confrontação entre mim e o universo; o universo se olha em mim, e eu me olho nele. E, quando esses dois olhares se cruzam, jorra uma luz que o menor movimento do amor-próprio é suficiente para embaçar.

7. Juventude do conhecimento

Todo conhecimento deve possuir um frescor e uma novidade perpétua, uma inocência que sempre renasce; sem isso o contato de nosso espírito com o real deixa de ser sentido. Ele deve descobrir-nos o universo a cada instante, como se nos fizesse assistir à sua gênese. Quem encontra a verdade, em vez de continuar a se mover no círculo fechado de seus sonhos, olha de súbito o que está à sua frente e acredita vê-lo pela primeira vez. O mundo não lhe traz mais que conhecimentos familiares, que lhe parecem ter sido sempre seus e que, no entanto, não param de desabrochar.

As lembranças não raro ocultam e obscurecem nosso conhecimento, em vez de servir a ele. Privam o olhar de sua clareza e penetração: são semelhantes a imagens que já recobririam a retina no momento em que esta acolhe a luz do dia. Mas as coisas recuperam sua perfeita nudez no espírito puro: é a espiritualização delas o que as torna sempre nascentes; isso é o que nos dá a incomparável emoção de já conhecê-las e, contudo, de descobri-las.

É que só existe conhecimento quando a inteligência se exerce; ora, a inteligência está em nós, mas vem de mais alto que nós; produz sempre em nós uma nova revelação. Podemos abrir-nos mais ou menos para sua ação, mas essa ação sempre é, para a consciência surpreendida por ela, tão jovem quanto no primeiro dia, como a luz para o olhar.

Diz-se por vezes que se sabe algo muito bem quando ainda não se o sabe o suficiente para poder expressá-lo. É que então esse algo ainda está tão vivo, que não pode desprender-se de nós e ainda não é um objeto que passa de mão em mão e que todo o mundo pode pegar ou largar.

Nenhum conhecimento se obtém pelo aprendizado de um saber já formado; isso é apenas a sombra do conhecimento verdadeiro. É uma pedra no caminho: podemos encontrá-la e agregá-la à coleção; mas ela é também o obstáculo em que tropeçamos. O conhecimento é em si o caminho: os mais modestos ainda têm de percorrê-lo; os maiores, de traçá-lo.

8. *Espetáculo ou comunhão*

Existe no conhecimento esta contradição secreta: ele exige sempre, entre o conhecedor e o conhecido, uma diferença, caso contrário não seria um ato do pensamento, e, no entanto, uma identidade, caso contrário não poderia aspirar a verdade alguma. Ele é obrigado a se separar de seu objeto a fim de nascer, e de se reunir a ele a fim de se rematar; mas nessa reunião o espectador desaparece e o conhecimento, ao se consumar, é abolido.

Dir-se-á que ele não busca resolver-se em seu objeto, mas resolver em si, por assim dizer, o objeto? No entanto, assim como só se percebe o que é refratário à luz, assim também só se concebe o que resiste à inteligência. Suponhamos que a luz se espraie num meio perfeitamente transparente, ar ou vidro, sem que encontre obstáculo algum para detê-la, desviá-la ou dispersá-la: é evidente que, na perfeição de sua essência revelada, o mundo, cujos recantos todos ela penetraria, se desvaneceria como uma impureza.

A contradição do conhecimento adquire uma potência de emoção infinita quando se trata do conhecimento que podemos ter de nós mesmos: pois todo esse conhecimento reside no duplo movimento pelo qual é preciso distanciar-se de si para ser capaz de perceber-se a si mesmo como a um espetáculo, e quase imediatamente retornar a si para realizar aquela exata sinceridade que faz parecer ilusório esse mesmo espetáculo que acaba de nascer.

Em Deus o ato de conhecimento é perfeito porque não se distingue do próprio ato da criação. Quanto a nós, somos apenas os espectadores do mundo criado e podemos apenas contemplar sua existência e sua natureza. No entanto, à medida que o conhecimento se aprofunda, o mundo se torna mais presente para nós; mas não por sua imagem, que se apaga pouco a pouco, e sim por sua ação, que nos penetra mais. Dir-se-á então que a consciência é destruída? Pareceria antes que ela mudou de natureza. Obteve uma espécie de suplemento; tornou-se menos iluminada, porém mais iluminadora, visto que tende a se unir ao próprio princípio dispensador de luz. A distinção entre o real e ela é abolida, já não numa identidade imóvel, mas numa comunhão viva. Ela participa da potência criadora; a atividade exercida por ela imita a que reina no universo, responde a esta última e prolonga-a.

9. Conhecimento e criação

O conhecimento é uma espécie de cumplicidade entre o real e nós. Só se pode conhecer um objeto tentando imitá-lo, reproduzi--lo pelo gesto, até o momento em que o gesto acabado se encontre, por assim dizer, suspenso numa espécie de imobilidade suscetível de ser contemplada. Todo conhecimento é um início de metamorfose. Só pode conhecer a verdade quem se torna verídico; a justiça, quem se torna justo; o crime, quem se torna criminoso – ao menos pela imaginação. O conhecimento não apenas imita a obra da criação, mas colabora com ela. Só é fiel se é eficaz. Distingue-se sempre do real por sua imperfeição: mas o real nada mais é que o derradeiro estado do conhecimento.

Assim, a verdade nunca é contemplação pura. A única evidência capaz de tocar nossa inteligência toca também nossa vontade: expressa uma ordem que deve ser a um só tempo percebida e amada. Essa ordem nos convida a agir; e basta descobri-la para que nos pareça tê-la criado e tenhamos interesse em mantê-la. Sem isso o conhecimento fica separado da vida, dá ao homem uma verdade separada que a vida ridiculariza no primeiro encontro.

Existe um conhecimento que é servidão do espírito ao objeto. Existe outro, porém, que livra o objeto de sua inércia e o alça à dignidade do espírito: em vez de ser um peso para o espírito, esse conhecimento lhe confere um movimento mais sutil; emprega todas as potências da consciência e realiza sua unidade. No cume onde esse conhecimento nos estabelece, não é apenas a diferença entre o espírito de perspicácia e o espírito de geometria que se vê abolida e ultrapassada, mas também a diferença entre o pensamento e o querer.

A verdadeira ambição do conhecimento não pode ser a de dominar a matéria: o conhecimento não está a serviço do corpo. Existe no conhecimento uma forma de ação infinitamente mais sutil: por intermédio dele o espírito age sobre si mesmo e sobre todos os espíritos. Pois todos os homens contemplam a mesma verdade; todos recebem a mesma luz, que os torna capazes de entrar em comunicação uns com os outros e de criar entre si um acordo espiritual do qual o mundo é o instrumento e Deus a testemunha. Só podemos amar a verdade porque amamos todos os seres e porque é ela que os une.

3. O NASCIMENTO DAS IDEIAS

1. Da acolhida que devemos dar às ideias

O pensamento não se deixa solicitar pela vontade. Existe nele uma espécie de independência rebelde. Quando ele fala, por vezes diz o contrário do que desejaríamos ouvir: por isso, nem sempre os homens se queixam de seu silêncio; chegam até a murmurar para encobrir sua voz. Ou então ele se cala quando queremos obrigá-lo a falar; pois não se deve consultar indevidamente o oráculo interior: nesse caso é o sacerdote que nos responde, e não o deus.

Pode-se pedir que mantenhamos os olhos sempre abertos, mas não é garantido que um belo espetáculo lhes seja oferecido; que mantenhamos uma atenção sempre vigilante, mas não é garantido que uma verdade venha ao seu encontro; que disponhamos de um consentimento sempre pronto, mas não é garantido que ele seja solicitado. No entanto, se a luz que nos envolve a todo instante parece recusar-se a nós, é porque em primeiro lugar nós nos recusamos a ela; é porque não soubemos abrir-lhe um acesso até nós. Mas a tarefa é difícil, tamanha a simplicidade que exige: assim, por vezes, no momento em que a graça já se aproxima de nós, nossa concupiscência desperta e a rechaça pelo próprio esforço que faz para captá-la.

Mesmo quando a ideia já se ofereceu, ainda é difícil fazer bom uso dela. Para manter o espírito livre, é importante não pesar sobre ela. Corrompemos todos os bens que recebemos pelos esforços que fazemos para retê-los e pela insistência com a qual buscamos esgotar sua fruição. É na primeira revelação que a luz é mais bela: quando a fixamos por demasiado tempo, ela se irisa. Em todo conhecimento existe um ponto que não posso ultrapassar sem que ele seja perturbado.

No entanto, embora a vontade não deva prolongar nem forçar o olhar da atenção, nenhuma ideia pode, contudo, pertencer-nos se não sofreu em nós uma lenta incubação, se não a guardamos por muito tempo nos recantos de nossa vida interior, quase sem pensar nela e, no entanto, sem deixar de alimentá-la. Então, no momento em que a consciência de novo a ilumina, ela nos parece tão miraculosa quanto aquelas coisas tão próximas e permanentemente sob os nossos olhos que sustentam toda a nossa existência sem que tenhamos necessidade de vê-las. E, assim que a vemos, ela se ergue diante de nós, pura, firme, segura de si, com um contorno fino, sutil, e de uma só vez, como um ser vivo.

2. Disciplina da atenção

Ideias numerosas são por vezes uma fraqueza para o espírito, tanto quanto sua raridade: o espírito não deve ficar vazio, nem transbordar. Seu papel é apreender, mas com a condição de que ele possa cingir. Atividade em excesso o prejudica, e pouca demais também. Nada é mais difícil para ele do que encontrar uma atividade comedida e que siga um curso natural e harmonioso.

Alguns são obstruídos pela abundância de ideias que surgem naturalmente de seu próprio fundo, e se tornam incapazes de acolher qualquer chamado vindo de fora: o movimento que os anima não deixa neles nenhuma superfície plana sobre a qual a influência das coisas possa inscrever-se. Outros são plásticos demais e aptos a receber impressões demais: mas não têm suficiente movimento para que a ação que os abala trilhe um caminho em sua vida interior; contentam-se com carregar a cada instante a marca do que lhes advém.

O espírito deve sempre conciliar em si duas qualidades contrárias: a extensão, que lhe permite abraçar um vasto domínio onde a multiplicidade das formas do ser revela toda a riqueza do mundo, e a profundidade, que lhe permite descer suficientemente fundo em si mesmo para aí descobrir a raiz de tudo o que existe. Não deve ter abertura demais, pois se tornaria como um espelho que, ao refletir coisas em excesso, perderia toda a sua limpidez, nem abertura de menos, pois se tornaria como um espelho que, mantendo sua limpidez, deixaria de refletir o que quer que fosse.

A atenção deve permanecer tranquila, confiante e sempre disponível. Por vezes existe nela uma espécie de avidez que provém do amor de si, que busca antecipar-se ao contato com o real e que perturba o espírito, em vez de servi-lo. Todos os homens têm luz suficiente: poucos, porém, têm simplicidade suficiente para se contentar com isso. Muitos deles são cheios de impaciência e saltam para além do que veem; assim, incapazes a um só tempo de colher a luz que lhes foi dada e de oferecer a si mesmos a luz que cobiçam, permanecem sempre na escuridão.

3. Flexibilidade da atenção

Como se poderiam governar os próprios atos senão por meio dos próprios pensamentos? É por efeito de certos pensamentos que alguém retém sua vontade ou a deixa desimpedida. Existe, portanto, uma contradição em admitir que se é responsável pelos próprios atos sem ser responsável pelos próprios pensamentos. Na realidade, apenas a atenção depende de nós. E nossos pensamentos são atos – invisíveis, é verdade, mas os únicos que nos justificam ou nos condenam.

Somos nós que dirigimos nosso espírito, visto que nossa atenção depende de nós; e, como só vivemos em meio aos nossos pensamentos, a atenção tem a característica, ao que parece, de escolher o âmbito em que nos agrada viver. Ela confere ao olhar sua direção: mas este nos descobre a cada vez um espetáculo novo, que não poderíamos esperar nem prever. Permanecer atento não é obrigar-se a pensar certas coisas. É manter em si certa abertura que permite acolher todos os chamados que as coisas nos fazem.

No entanto, por vezes se dá ao espírito, pelo esforço da atenção, uma tensão que o paralisa; é preciso aprender, ao contrário, a preservar sua flexibilidade e sua mobilidade. O espírito jamais deve aplicar-se a uma ideia de maneira tal que deixe de perceber sua complexidade e sua ligação com todas as outras; jamais deve aplicar-se a uma cadeia de ideias de maneira que perca aquela agilidade sem a qual é incapaz de apreender todas as claridades que o atravessam e ultrapassam seu desígnio e, por vezes, sua esperança. Assim, pode-se considerar o método de Descartes um pouco severo e até um pouco estreito.

Não se deve pedir ao homem nada além de dispor de sua atenção; mas ele deve dá-la pura, humilde, flexível, livre de toda preocupação e de todo amor-próprio, sem pressa nem atraso, sem lhe permitir antecipar nem deixar passar o que lhe é oferecido, ou desejar que isso seja diferente, ou misturar nisso uma segunda intenção, ou perturbar a transparência disso por um desejo ou um esforço. A atenção perfeita é um ponto onde a atividade e a passividade se confundem, sendo a primeira um consentimento puro, e a segunda o próprio dom no qual se consente.

Por vezes realizamos melhor uma intenção particular quando ela está envolta em outra mais vasta, que confere à primeira mais força e impulso. Assim, o pensamento constante de Deus dá mais luz a todos os nossos pensamentos isolados. Somente a atenção que não é retida por nenhum interesse humano permanece sempre inteira e indivisível; ela eleva todos os objetos aos quais se aplica.

Nesse ato único pelo qual estamos atentos à vida, todos os acontecimentos assumem seu lugar, seu valor, sua iluminação, sem que nenhum deles seja capaz de nos distrair. É uma atenção a Deus que é a atenção de Deus em nós.

A atenção aplicada a um objeto particular, ao contrário, divide-nos, porque é incapaz de nos ocupar inteiramente: é preciso que ela se torne semelhante ao amor, que é o despertar da consciência em sua inteireza, ou que, num único objeto, torne presente para nós o universo inteiro.

4. Fidelidade à mesma ideia

O espírito só pode manter sua unidade e sua força atendo-se a uma única ideia. Pois não existe ideia que não seja grande o suficiente para preencher toda a capacidade do espírito, e, enquanto ela não o tenha feito, não a possuímos em sua inteireza. Importa deixar que o olhar preserve sua unidade, em vez de lhe oferecer um espetáculo demasiado extenso. No entanto, cada ideia é um foco em torno do qual se propagam ondas de luz que lhe dilatam incessantemente o horizonte. Enquanto ela não tiver esgotado sua potência de irradiação, não devemos deixá-la escapar.

Pois existe uma única ideia capaz de expressar nossa vocação intelectual; existe uma única perspectiva pela qual nossa consciência pessoal é capaz de abraçar a totalidade do mundo: fora dela, podemos ainda imaginar o real, mas não percebê-lo. Trazemos em nós durante toda a nossa vida, por vezes sem que o saibamos, um mesmo pensamento. Ele reaparece incessantemente em nossa consciência; mas nem sempre o reconhecemos porque, no instante em que nos mostra uma de suas faces, oculta-nos todas as outras: só consente, por assim dizer, em descobri-las sucessivamente. Assim, nunca acabamos de recolher toda a sua luz; em vez de possuí-lo, estamos sempre em busca de sua posse; ele é sempre, para nós, a um só tempo familiar e desconhecido: nunca deixa de nos proporcionar uma nova revelação.

Não tentemos mudar a visão de mundo que nos é própria, pois basta mantê-la para que ela não pare de se ampliar: o mundo inteiro pode caber dentro dela. Não tentemos abandonar a ideia que responde melhor ao anseio do nosso ser, pois ela é capaz de despertar todas as potências de nossa consciência.

É verdade que nosso pensamento vive de mudança; mas essa mudança não deve vir dele: ela é signo da influência da realidade que solicita e pressiona o pensamento, da variedade de circunstâncias ante a qual ele precisa dobrar-se. Mas é sempre de uma mesma ideia que nosso pensamento deriva sua luz e seu impulso: por mais humilde que essa ideia pareça, ela pode ter em nós uma repercussão infinita; e não somos iluminados nem ficamos comovidos sem reconhecer a presença dela, que sempre nos proporciona a mesma força e a mesma doçura.

5. Nascimento das ideias e das palavras

Para compreender o mistério da criação, basta ficar atento àquele momento pleno de delícia e de ansiedade em que assistimos, na vida do espírito, ao nascimento das ideias. Inventar ideias é inventar o mundo. A ideia é o ato da inteligência criadora.

Aceitemos que a ideia não seja mais que um nome. É preciso então restituir ao nome seu valor primitivo e sagrado. Se ele é capaz de carregar a ideia, é porque constitui um talismã que nos permite tomar posse de todas as coisas nomeando-as, apreender-lhes a sonoridade interior, a concavidade misteriosa e o sentido. É preciso proferi-lo, ao menos em voz baixa, para que se estabeleça, entre a ideia e o espírito, aquela interação sutil que produzirá outra interação, mais sutil ainda, entre quem fala e quem ouve.

Com frequência as palavras levam nosso pensamento mais alto e mais longe do que o teriam levado exclusivamente suas forças. Abrem o olhar para um vasto horizonte de luz onde inicialmente ele só vislumbrara lampejos esparsos. E o pensamento sempre encontra nas palavras uma espécie de promessa ou até de risco que desperta suas esperanças e por vezes as supera.

Há entre o nascimento das ideias e o das palavras uma identidade tão perfeita, que a própria palavra *inspiração* existe para traduzi-la: é próprio da inspiração produzir entre o pensamento e a linguagem aquela correspondência miraculosa que a razão sempre busca justificar e que a deixa a um só tempo plenamente satisfeita e impotente. Quando encontramos a verdade, a ligação entre as ideias e as palavras se apresenta a nós com tal caráter de naturalidade e necessidade, que ela é incapaz de se desatar. Se nos parece possível modificá-la, mesmo por jogo, é de temer que a tenhamos adotado também por jogo, que só tenhamos apreendido da ideia a roupagem e não o corpo.

É que a palavra é o corpo da ideia e constitui algo uno com ela: não é um signo escolhido entre mil para expressar uma ideia já presente. Pois a ideia deve encarnar-se para ser; enquanto isso não acontece, ela permanece no limbo; mas, assim que vem animar a palavra mais corriqueira, ela vive e lhe dá vida; e a palavra adquire uma modulação interior pela qual parece revelar-nos um segredo do mundo espiritual. Pouco importa que se possa contestar agora a realidade da inspiração e sustentar que ela se reduz a uma vigilância atenta e minuciosa dos movimentos mais secretos de nosso pensamento. Vigiar esses movimentos não é, no entanto, produzi-los; escavar o canal não é fazer a água correr nele. Reconhecer o que é preciso negligenciar e o que é preciso reter é pressupor que tal já se possui. É adaptar o pensamento a nossos desígnios, não é dar-lhe o ser.

6. Violência e calma da inspiração

Sempre parece existir na inspiração uma espécie de violência que nos é feita: todas as potências de nossa vida interior se veem, por assim dizer, alçadas e levadas acima de si mesmas sem que nenhum consentimento nos seja solicitado. No entanto, esses movimentos confusos que abalam todo o ser não devem ser procurados: seria necessário antes retê-los que provocá-los. Eles só têm valor pela fonte que os alimenta: ela não raro é impura. Não existe paixão que, no momento em que nos captura, não produza uma agitação da carne. Convém não nos comprazermos nesses toques misteriosos que manifestam a fraqueza de nosso corpo e não a perfeição da potência que o perpassa.

Mas sempre existe na inspiração um esforço doloroso que a assemelha a um parto, simultaneamente inevitável e pleno de impulsos voluntários. Ela nos mostra com admirável nitidez que toda criação é a um só tempo uma necessidade natural e um livramento. Por isso, junto com a alegria que ela nos dá, é inevitável que nos faça sofrer, pois demonstra um desprezo absoluto com respeito a nosso ser individual, que é momentaneamente reprimido, que deve retrair todas as suas potências próprias numa espécie de imobilidade e de sono para deixar de ser um obstáculo e tornar-se um caminho para o fluxo que o invade, que só serve a um deus estrangeiro do qual ele se tornou o veículo. Ele ainda preserva uma semiconsciência de si próprio, mas é para sentir essa coação a que está submetido, para perceber, com um desgosto involuntário, que todos os bens aos quais estava apegado, suas lembranças, seu saber, suas afeições e seus desejos se tornaram inúteis, agora que ele é impelido por um movimento mais potente e dotado de uma origem mais elevada. Mas o eu individual se recusa a sucumbir: quer conduzir ele próprio os seus assuntos; defende sua própria faculdade de examinar e de julgar, como se ela fosse a salvaguarda de seu próprio ser.

No entanto, deseja que o objeto de sua busca acabe um dia por lhe ser dado e precisa então consentir em ser vencido. Deve aniquilar-se para ser plenamente satisfeito. E basta que cesse sua inveja para que sinta penetrar em si uma graça sobrenatural pela qual ele é a um só tempo dissolvido e regenerado. Mas então a inspiração deixa de se assemelhar a uma exaltação interior pela qual produziríamos um mundo novo numa espécie de inebriamento. Quando ela alcança sua forma mais perfeita e mais pura, o eu já não é por ela coagido: ela não é mais que uma calma, e até um vazio da alma, uma abertura para um mundo a um só tempo mais profundo e mais próximo, cujo acesso nos era recusado até então e que de súbito nos é revelado.

7. Atenção e amor

Todo conhecimento é um ato de atenção e amor. É sempre um reconhecimento, não no sentido de já haver ocorrido uma vez, como pensavam os platônicos – pois o que seria então esse primeiro conhecimento? –, mas no sentido mais vivo e mais belo de ser uma homenagem que prestamos ao universo de que haurimos nossa existência e que nos sustenta e alimenta. É o conhecimento o que nos dá a presença e a fruição do Ser. Como não seria também seu louvor?

No entanto, o conhecimento torna possível a ingratidão daqueles filósofos que, vendo que ele depende de sua atenção, imaginam ser ele obra sua e não um dom que se limitam a receber. A atenção é a um só tempo um ato de liberdade, visto que dela me sirvo, e um ato de docilidade, visto que me faz participar de uma realidade que me é dada: assim, é quando o espírito é mais ativo que tem mais consciência de acolher a verdade em vez de produzi-la.

A atenção se assemelha ao amor. Como ele, é um consentimento que nos cabe dar ou recusar e que, no entanto, suscita e supera nossa vontade. As ideias que fogem de nós não devem ser solicitadas nem perseguidas. Elas nascem, como os movimentos do amor, de certos encontros nos quais não há demanda nem oferta, e que proporcionam um dom gratuito e inesperado. Mas com frequência deixamos passar despercebidos os dons que a Providência nos destina: nem sempre estamos prontos para pensar ou para amar. No entanto, para além da sabedoria, que é sempre senhora de si, mas que não raro se contenta com pouco ou com nada, existe um estado de confiança e de abandono que nos prepara para receber tudo. Esse estado pressupõe que se tenha feito dentro de si uma espécie de vazio interior, que já se esteja livre de toda preocupação particular; ele constitui, com respeito ao universo, uma humildade, uma espera e, ao mesmo tempo, um chamado.

Não existe atenção que não seja animada por uma intenção, que é ela própria mediadora entre a atenção e o amor. E dispomos de nossa atenção como dispomos de nossa vontade; mas a verdade nos responde como bem entende, e não como desejamos: é que olhar depende de nós; ver, não. Sucede apenas que olhar é escolher, é amar: e como a luz não se ofereceria àquele que a procura e que, ao procurá-la, a ama e, ao amá-la, já a possui? Existe um ponto onde o olhar atento e o raio que o ilumina se fundem e não constituem senão algo uno.

Observa-se um círculo admirável entre o amor e o conhecimento; pois o conhecimento suscita o amor e o amor suscita o conhecimento. O amor é semelhante a um conhecimento buscado; o conhecimento, a um amor possuído. O conhecimento é a redenção do mal da individualidade. Ele nos reúne ao universo, do qual o pecado nos separava.

8. Penetrar o mundo das ideias

É preciso que cada um de nós se torne semelhante a um ser espiritual e a uma espécie de puro demônio, que escute apenas suas vozes secretas, mas numa calma interior que nenhum estremecimento do corpo viria perturbar. Pois o verdadeiro mundo é o mundo das ideias e não o mundo das coisas. Assim que o penetramos, sentimo-nos iluminados; nossa própria natureza, nosso destino, a conduta que devemos ter, nossas relações com os outros seres nos aparecem sob uma luz móvel que regozija nosso olhar e imanta nossa vontade. Assim que o deixamos, ficamos entregues às forças cegas da natureza: sentimos apenas nossa escravidão e nossa miséria. Só reencontramos a luz perdida quando nos voltamos para esse mundo invisível: ele existe independentemente de nós, visto que pudemos deixá-lo; para que ainda se descubra a nós, a nós mesmos é que devemos agora deixar.

Pois não criamos de maneira alguma as ideias. Elas são os elementos de um universo de pensamento, assim como os corpos são os elementos de um universo de matéria. Revelam-se a nós por um ato da inteligência, assim como as coisas se revelam a nós por um ato do olhar. E, assim como nossa atividade prática se apossa das coisas e delas tira proveito para o corpo, nossa atividade pura escolhe entre as ideias e, pela composição que faz delas, compõe nossa figura espiritual. Assim, pode-se dizer que todas as ideias que vêm iluminar nosso espírito são de Deus. Mas a ordem que estabelecemos entre elas é do homem. Cabe a nós apenas escolher o caminho que nosso pensamento vai tomar: seja qual for o caminho, inúmeros materiais nos são oferecidos; cabe a nós construir com eles nossa própria obra.

No mundo do pensamento, fazemos a cada passo descobertas que nos assombram e nos extasiam. É próprio do sábio saber fazer bom uso de tantos tesouros e guardá-los eternamente para regozijar seus olhos e seu coração.

Não é nada assombroso, portanto, que nem sempre tenhamos domínio sobre nossos pensamentos, e que eles nos dominem também. Parece que nós lhes conferimos movimento, mas esse movimento nos arrasta. E, quando a descoberta irrompeu, somos como o espectador que foi procurar o espetáculo que tem diante dos olhos, mas que ele de forma alguma criou, que ele apenas pressentia antes de conhecer, que ele agora contempla com surpresa e admiração, e pelo qual se deixa capturar quase de imediato.

As ideias nos pertencem apenas como nossos filhos. Somos senhores da atenção, assim como somos senhores da geração. A hora do nascimento, porém, é para nós uma hora de ansiedade: não sabemos de antemão que presente o Céu nos enviará. E nossos filhos vivem diante de nós e não para nós, com uma vida na qual a nossa se reconhece e se prolonga mas que, todavia, nos ultrapassa e nos maravilha.

9. Ambulare in hortis Dei

Assim como o corpo está situado no espaço, a alma está situada no espírito puro; e, assim como o movimento do corpo nos revela incessantemente novos objetos, o movimento da atenção nos revela incessantemente novas ideias. No entanto, assim como o objeto não é uma propriedade do olho que o vê, assim também a ideia não é uma propriedade da alma que a pensa. O conhecimento é uma viagem repleta de surpresas pelo mundo das ideias: cada um dirige sua própria marcha, mas ninguém prevê as revelações que lhe serão feitas. E os espíritos são como os corpos: existe uma semelhança entre todos os que habitam o mesmo local e que contemplam habitualmente o mesmo horizonte.

Que coisa admirável, a meditação! Sem emprego de meio material algum, simplesmente silenciando o amor-próprio, fechando a porta para todas as solicitações de fora, recusando o acesso a todas as preocupações individuais que nos retêm e nos distraem, pela simples disposição da atenção que se presta à luz interior e escuta a voz que nasce internamente, graças à humildade de um simples ato de consentimento, assiste-se ao nascimento em si de um espetáculo miraculoso: as ideias adormecidas despertam, erguem-se, reúnem-se em coros, desaparecem e reaparecem, como que para nos desvelar sua forma sempre semelhante e sempre variável, a maleabilidade e o ritmo de sua vida secreta, a constância móvel de sua eterna presença e essa bela harmonia que as une como a filhas de um único amor.

Elas não aceitam ser apreendidas por mãos ousadas demais, nem ser olhadas com excesso de cobiça. Não se dobram à nossa vontade, nem aos artifícios grosseiros de nosso método. Não morrem, mas escapam assim que se queira captá-las ou simplesmente retê-las. Vozes silenciosas, formas sem contorno, passos que permanecem, as ideias nos introduzem num mundo luminoso onde nossa alma nasce para a vida eterna. Elas próprias são alheias ao nascimento e à morte. Não param de ser quando paramos de contemplá-las; não ocupam lugar algum; não mudam de lugar; não nos penetram; antes nos acolhem entre elas, e nossa alma ainda tímida se abre para a verdade e para o amor ao se tornar sensível à sua divina presença.

Mas como dirigir nosso olhar para elas antes de conhecê-las? E, se estão todas juntas no limite da atenção, qual delas responderá ao nosso chamado? Nosso corpo é sempre retido num ponto do espaço; nossa vida, sempre envolvida numa aventura; nossa sensibilidade, sempre abalada por uma emoção; para penetrar o mundo das ideias não é preciso que nos desviemos desses acontecimentos: basta consentir em descobrir seu significado e, por assim dizer, em envolvê-los na atmosfera radiosa do desinteresse puro. Cada um deles é o toque sensível de uma ideia. Que seja também o portal que nos faz adentrar o mundo da graça sensível: incapazes, sem sermos destruídos, de nos elevarmos até a unidade perfeita, nós a sentiremos presente em toda parte e como que disseminada na variedade incontável desses belos seres de pensamento, imortalmente jovens e imortalmente puros, que não cessam de nos revelar, sem alterá-la nem jamais esgotá-la, a verdade em todas as suas faces.

4. A MENSAGEM DO ESCRITOR

1. A escrita, instrumento de progresso espiritual

A cada um de nós a verdade aparece por clarões: mas nosso espírito recai quase imediatamente em seu estado natural de inércia e obscuridade. Sentimo-nos, então, como que abandonados: e o esforço doloroso que fazemos para reencontrar a luz perdida revela-nos tão somente a nossa impotência. No entanto, se conseguimos captar essa luz pela escrita, tornamo-nos capazes de reanimá-la quando ela parecia extinta. Existem momentos privilegiados em que a verdade passa diante de nós e nos roça, para logo escapar; a escrita nos permite fazê-la renascer indefinidamente.

Mas a escrita tem outras vantagens. Tal como a fala, e melhor do que a fala, permite que o pensamento, ao se expressar, se realize. A fala não raro traduz uma comunicação momentânea e ocasional com outrem. Mas a escrita sempre pressupõe uma longa conversa consigo mesmo que aspira a se tornar uma longa conversa com todos os homens. É preciso que nela exista suficiente riqueza e profundidade para que permaneça verdadeira para além das circunstâncias em que nasceu: caso contrário satisfaz apenas um interesse de curiosidade. Um livro não deve distrair-nos fazendo-nos passear por lugares do tempo e do espaço que nos são estranhos e dos quais retiramos nosso pensamento tão logo a leitura termina. É preciso que a todo instante ele seja capaz de comover as partes mais essenciais de nossa natureza, que nos revele os elementos de nós mesmos que trazemos em nós perpetuamente.

Os melhores livros não nos dão a conhecer nada que seja exterior a nós: lembram-nos diversos encontros nos quais a verdade trazida por eles já se revelara a nós espontaneamente. Dela havíamos tido uma visão rápida e evanescente, que agora se transforma em iluminação. Ela deixa de ser incerta e nebulosa: a pureza de seu contorno se desenha. Nossa confiança na exatidão de nosso olhar aumenta: até então não ousávamos permitir que ele se demorasse no ligeiro sulco que a verdade havia traçado na superfície de nossa consciência. Agora que essa verdade parece ser-nos proposta por outrem, ousamos tomar posse dela: tornamo-nos capazes de contemplá-la, de testá-la e de estabelecer-nos nela. Vemo-nos livres daquela insegurança produzida em nós pelos chamados tímidos, insistentes e ansiosos de nossa consciência solitária: encontramos um eco deles na comunhão humana; e esta povoa agora nossa solidão, mas aprofundando-a, em vez de rompê-la.

O primeiro dever do escritor é elevar-se suficientemente acima de todas as circunstâncias da vida particular para fornecer a todos os seres um apoio de todos os instantes e mostrá-los a si mesmos tais como gostariam de ser sempre.

2. *A escrita deve captar o eterno e não o fugidio*

Poder-se-ia pensar que a característica da escrita é eternizar certos pensamentos fugidios que, de outra forma, desapareceriam sem deixar traços. Seu papel seria fixar o que jamais se veria duas vezes; poder-se-ia compará-lo ao papel que se atribui à pintura no impressionismo. Mas por que tantos esforços para preservar a imagem do que pereceu, quando o presente também solicita nossa atenção, nossa atividade e nosso amor? Na verdade, não deveríamos em absoluto tentar recapturar do passado o que nele foi abolido e que, no Ser, nunca foi mais que pura passagem, mas apenas aquele contato com uma realidade imperecível que ele nos permitiu obter por um instante e que é ainda mais comovente por ter-se dissipado de imediato. Esse contato, quando recuperado, possui pureza ainda maior por se ter despojado de todo suporte corporal, de toda relação com os acontecimentos; adquiriu tal caráter de simplicidade e espiritualidade, que já não somos perturbados pelo receio de perdê-lo nem pelo esforço de retê-lo.

Assim, o papel da escrita não pode ser, como se diz, eternizar o que passa; é antes extrair daquilo que passa o que é eterno. Nada possui valor em nossa vida além daquelas iluminações súbitas pelas quais descobrimos de repente, por trás do inconstante devir que arrasta e destrói tudo o que existe, um mundo a um só tempo imóvel e vivo, que ora se abre, ora volta a se fechar, que nos parece, em comparação com o mundo em que vivemos, infinitamente distante e infinitamente belo; mas basta olhar por transparência as coisas mais familiares para que elas nos permitam penetrar nele.

Um mundo assim só se revela a nós por bruscos e curtos intervalos; e, embora ele seja eterno, é não raro nas modalidades mais fugidias de nossa vida que percebemos melhor sua presença. Pois ele sustenta tudo o que existe no tempo; mas ele próprio não desce para dentro do tempo. O papel da escrita é permitir que reencontremos o caminho para ele. Se cumpre sua função, que é a de só guardar na memória os bem-aventurados momentos em que nosso pensamento logrou penetrá-lo, deve franquear-nos o acesso a ele também quando a matéria nos oprime e o tempo nos dispersa. É muito verdadeiro dizer, portanto, que a escrita não tem por objeto preservar o que passa, mas antes abrir nosso olhar, no próprio interior do que passa para o que não passa. Ela deve superar o tempo, mas não romper sua lei, que é a de que tudo o que só existe nele não deve parar de nele se perder.

3. O contato com as coisas

O mais difícil nas obras do espírito não é mostrar potência na construção, engenhosidade na análise, elegância no estilo: é manter uma comunicação contínua com o real. No entanto, as ideias têm um jogo espontâneo, e as palavras um movimento próprio, que seduzem os mais prudentes e lhes fazem, por vezes, sair do chão.

O contato com as coisas modera a imaginação e disciplina o pensamento; ao mesmo tempo, porém, não para de alimentá-los e enriquecê-los. As obras produzidas por uma meditação solitária têm, com frequência, grandeza e potência, mas uma grandeza e uma potência que manifestam o cume que o indivíduo alcançou pelo esforço de seu gênio próprio. Podem ter mais altitude que horizonte: nelas se reconhece com frequência um desígnio arbitrário e voluntário no qual a marca da pessoa é demasiado aparente. Os recursos que lhe pertencem e que permitiram o sucesso de seu empreendimento não raro lhe serviram apenas para construir um castelo de sonho e glorificar seu amor-próprio.

Mas o contato com as coisas, que nos faz sentir nossos limites, permite também que os façamos recuar. Existe nas coisas uma luz à qual nosso espírito não permanece insensível. Elas não são inertes e mudas, mas plenas de uma voz que oferecem aos ouvidos de todos os que não as desprezam. Não podemos manipulá-las a nosso bel-prazer; elas nos resistem e nos iluminam: são o rosto visível da verdade. Ao olhar para elas, o indivíduo já não se permite confundir com o real a obra de sua imaginação. Esta, em comparação, lhe parece frágil e irreal; toma de empréstimo às coisas a própria aparência que lhe permite subsistir. Ao manter contato com as coisas, o espírito adquire mais força e mais amplitude. Ao avaliar o lugar que ele ocupa no mundo, para de encerrar o mundo nos limites de seu sonho: pois esse sonho, que pretendia superar a natureza, é incessantemente superado por ela.

4. Continuidade nas obras do espírito

Todo homem pode escrever um belo verso que não encontre com o segundo nem metro nem rima. Todo homem pode encontrar um belo pensamento que não lhe proporcione apoio nem eco. No entanto, embora a luz que nos ilumina de tempos em tempos possua um esplendor e uma pureza aparentemente impossíveis de superar, as obras do espírito não podem limitar-se a fixar esses minutos privilegiados. Sem dúvida é possível dizer, sobre tais minutos, que eles nos emancipam do instante para nos descobrir um presente eterno. Mas só uma obra que possui continuidade é capaz de expressar a continuidade de nossa vida e aquele esforço doloroso pelo qual ela se formou pouco a pouco. Só ela deixa transparecer aqueles retoques sucessivos pelos quais o pensamento teve tempo de se retomar e se enriquecer. Na acumulação dos momentos do tempo existe um efeito que nos liberta da fuga do tempo e nos permite escapar de seu eterno movimento. As únicas obras que têm grandeza são as que contêm em si a experiência e o labor de toda uma vida.

Todo homem viveu alguns momentos de exceção nos quais, seja em contato com outro espírito, seja numa iluminação solitária, se elevou acima da sequência dos acontecimentos, bem como do transcurso passageiro de seus próprios estados, nos quais alcançou sem esforço aquele cume que se crê haver sempre conhecido quando nele se está, que torna infeliz quem dele sai e no qual se experimenta, num sentimento radiante de estabilidade e certeza, a alegria de participar do desígnio secreto da criação. Mas esses momentos bem-aventurados não têm, entre si, ligação alguma. Assemelham-se a lampejos que se apagam e se acendem sem obedecer a nenhuma lei. Suas aparições sucessivas são separadas por grandes intervalos de sombra. Nunca se tem certeza, a cada vez, de que não se desvanecerão para sempre.

Uma grande obra exige a colaboração de todas as nossas potências espirituais. Quer que façamos um esforço para reter e reunir todas as partículas de luz que o destino nos distribui com intermitente generosidade. Resiste à aniquilação e ao esquecimento pela arte invisível que as organiza. A harmonia que aí reina é feita de um sem-número de pinceladas sucessivas pacientemente acrescidas umas às outras. No entanto, é um pensamento pessoal que nelas introduz a unidade; esse pensamento não se evade em absoluto do tempo, antes o domina, reunindo num único feixe todos esses traços dispersos. Toma posse do que se modifica, impõe-lhe sua marca e confere-lhe aquela imutável presença na qual o espírito realiza sua única estadia. Uma grande obra capta todas as claridades que o olhar pode apreender. Dá-nos delas um arranjo permanente: transforma-as em membros de um corpo de luz que possui a um só tempo a unidade e a vida.

5. A escrita, mais secreta que a fala

Diz-se que a alma é visível no olhar; mas é na invisibilidade das palavras faladas que ela torna sensível para o outro aquela atividade transitória pela qual descobre sua própria natureza ao formá-la pouco a pouco. O olhar não obedece à vontade tão docilmente quanto a fala: revela, sem que o imaginemos, nossos sentimentos e nossos desejos; mas pela fala o ato vivo do pensamento se expressa à medida que se realiza.

Dir-se-á que é preciso atribuir à fala uma superioridade sobre a escrita, porque ela tem mais liberdade e menos acabamento, porque nos servimos dela mais amiúde, porque é acompanhada do olhar e da inflexão da voz, porque mantém um contato mais direito e mais vivo com quem a pensa, porque pode ser indefinidamente retificada e emendada para se moldar melhor não apenas à forma da ideia mas também à forma da alma que escuta, porque, enfim, não é obra da solidão, como a escrita, mas de um acordo que se busca entre seres separados? Compreende-se que não raro se deseje reencontrar, pela escrita, alguns dos efeitos da fala; quando escrevo, o leitor já deveria estar tão perto de mim que eu sentiria sua presença e ele sentiria que lhe falo.

Mais do que isso: a fala obedece com frequência a uma inspiração mais premente que a escrita. Quando estamos sozinhos, a inspiração nem sempre irrompe com tanta força – já não encontra eco para redobrá-la e sustentá-la. A escrita não nos mostra tão diretamente sua ação sobre outrem, não cria com o outro uma comunhão atual e sensível. Por isso às vezes se lamenta que não se possa fixar a fala pela escrita; mas existe aí uma espécie de engodo, porque, estando o interlocutor ausente, ela já não encontraria o mesmo prestígio.

É que o homem que escreve escuta um deus diferente do deus do homem que fala, um deus mais oculto. Busca despertar no leitor potências mais profundas que as da vida comum. E, quando nos alcança mais intimamente, é com palavras tão silenciosas que até parece que se cala. A rusticidade do som persiste mesmo nas falas mais delicadas; mas ele está tão velado na palavra escrita que mal se percebe. O ideal da escrita é colocar-nos na presença do pensamento nu. O movimento ou o fogo do olhar traem o ouvinte atento; no leitor, porém, o olhar do ser inteiro está voltado para o interior: parece por vezes que o pensamento nele se insinua sem intermediação do corpo.

Escrever um livro é dizer a si mesmo os próprios segredos. Mas por meio dele o leitor deve pensar que descobre os seus. Por isso, os melhores livros, os que melhor revelam o leitor a si mesmo não raro desnorteiam os que acreditam conhecer o autor.

6. Diálogo entre autor e leitor

É mais emocionante encontrar num autor os sentimentos que experimentamos em segredo do que os que manifestamos, os que existem em nós em semente, mais do que os que já brotaram. As obras do espírito têm por objeto um mundo que trazemos em nós e que costuma ser invisível aos nossos olhos; o autor que o revela a nós estabelece conosco, de saída, uma intimidade misteriosa. No entanto, não ofende nosso pudor nem adquire sobre nós direito algum, pois não força nosso consentimento: as descobertas que fazemos ao lê-lo parecem vir de nós mesmos, e ficamos-lhe reconhecidos por haver provocado esse abalamento pelo qual descobrimos, no fundo de nossa natureza, tantas riquezas ignoradas.

Tudo o que se escreve é um diálogo consigo mesmo, isto é, com os outros homens. Falamos com eles, desejamos persuadi-los e não prosseguiríamos por muito tempo no caminho se a cada passo não se ouvissem suas respostas mudas. Elas mantêm e renovam, indefinidamente, o movimento de nosso pensamento.

Envolver a personalidade inteira naquilo que se escreve não é ser orgulhoso, é ser forte. Mas atribuir sempre aos outros os erros de interpretação que se podem cometer é, sim, ser orgulhoso. É quase certo que o primeiro erro foi nosso. O público e a crítica, ao buscar compreender-nos, colaboram conosco. É preciso mostrar-lhes reconhecimento. Retribuem-nos o esforço que fizemos. Acrescentam o seu. Devemos-lhes o fato de nos haver esclarecido sobre o que deveríamos ter dito e, algumas vezes, sobre o que deveríamos ter pensado.

No pensamento mais puro se escondem algumas sombras. Ele é formado por diferentes raios de brilho desigual. O que ele encerra de mais vivo nem sempre foi alcançado, pois nenhuma ideia nos pertence; a mais humilde ainda ultrapassa a acuidade de nossa visão; e, ao se fixar nela, o olho alheio sempre acrescenta o conhecimento que dela tínhamos. Assim, sucede que as interpretações que parecem contradizer-se se completem, e correspondam, num mesmo horizonte banhado com a mesma luz, a perspectivas mais ou menos felizes, a olhares mais ou menos penetrantes.

Quem consome sua vida escrevendo pode carecer de amigos reais; mas não para de enviar mensagens a amigos desconhecidos. Os ecos que recebe podem por vezes parecer-lhes um pouco rudes; e ele deve conformar-se com nem sempre conhecer as respostas mais puras, que costumam ser as mais silenciosas.

7. O sucesso e o fracasso

O elogio pode dar confiança e força, despertar a atividade, tirá-la do isolamento e dar-lhe o apoio da comunhão humana. Mas essas vantagens são rapidamente perdidas, e mais que isso. Porque, ao desfrutar do elogio, o amor-próprio se fecha em si mesmo e de novo se separa. Seguros da potência que existe em nós e que foi confirmada pelo sucesso, nela repousamos. Então ela nos abandona, porque só pode ser mantida e até existir se, a cada instante, nós a obtivermos por uma vitória sobre nós mesmos.

Os sucessos de opinião e os sucessos do espírito nem sempre se acompanham; podem até excluir-se. Os homens que têm mais sucesso no exterior são, não raro, os que experimentam mais miséria no interior: é verdade que costumam enterrá-la em sua alma mais secreta. Mas não existe sucesso visível que não seja mais grave que um fracasso, se o coração não fica satisfeito.

É verdade que os fracassos, ao refrear o desejo de sucesso, podem dar-lhe mais acuidade e amargor: o escritor cede então ao aguilhão da vaidade ferida e busca uma desforra no próprio sentimento da injustiça de que se acredita vítima. No entanto, ao fecharem-no em si mesmo, os fracassos podem servir ao progresso interior do escritor, contanto que ele não tire desse mesmo progresso uma nova fruição de amor-próprio: pois é terrível como o amor-próprio se insinua até nas vitórias do espírito e sempre quer compartilhar seus frutos. Deveria ser papel dos fracassos purificar-nos de todos os movimentos do amor-próprio e despertar todas as nossas potências espirituais, não para nos ajudar, como se diz com frequência, a superar a fortuna, mas para que elas só possam exercer-se no desinteresse puro. Elas nos convidam a uma vida livre e divina que, com frequência, não teríamos sido capazes de descobrir e de amar se o mundo tivesse logrado atrair-nos e reter-nos. Isso porque somos tão fracos, que por vezes é necessário que o mundo nos rechace para que consigamos desprender-nos do mundo.

Os sucessos exteriores preocupam e contrariam as almas mais delicadas; e por vezes chegam a calar a alegria do espírito: pois esta se basta a si mesma; não precisa ser confirmada e não se alimenta da opinião. Não é que ela se encerre em alguma clausura: ao contrário, transfigura e ilumina tudo o que dela se aproxima; sua ação é uma ação de presença sempre próxima e natural, inocente e ignorada pelo amor-próprio, que não sonha em se apoderar dela nem em se queixar por ser vencido.

Nosso brilho espiritual é proporcional a nosso poder de solidão; é preciso que ele se imponha a todos os ecos do exterior: torna-se então a mais pura de todas as mensagens, a mais imaterial e a mais eficaz. É quando um livro não alcançou celebridade – ou quando a atravessou e superou – que chega a criar, entre um pequeno número de espíritos, a comunicação mais desinteressada e mais perfeita.

8. Inveja dos vivos e dos mortos

Se os bens do espírito são os únicos bens verdadeiros, sem eles só se pode ser miserável. E, como, ao que parece, depende de nós adquiri-los, sentimo-nos imperdoáveis por sermos privados deles. Por isso, o amor-próprio sempre contesta ao outro sua posse, não por pensar que não sejam os únicos bens, mas porque, sendo incapaz de obtê-los, inveja outro ser que deles pode orgulhar-se, como se, lá onde eles existem, todo amor-próprio não devesse ser abdicado. É a mediocridade honesta e laboriosa que experimenta, pelos bens do espírito, na proporção da potência e do brilho destes últimos, a hostilidade mais sincera e mais constante. Pois tem certeza de nunca encontrá-los em seu caminho; e, no entanto, ela extrai confiança do método que emprega, que parece comum a todos os homens e torna suspeitas todas as aquisições que ele não é capaz de proporcionar.

A presença de um ser de carne e osso que tem um rosto, necessidades, fraquezas, um lugar na sociedade – e que eu encontro envolvido em humildes tarefas humanas – torna seu gênio invisível para mim e apaga o caráter divino das ideias das quais ele é o intérprete. O valor delas é realçado quando ele se reduz a um punhado de cinzas, pois ele recebe em minha memória uma primeira vida espiritual. Mas, se posso reposicioná-lo numa alta antiguidade e se ele já pertence à memória da humanidade, suas ideias perderam, apesar do esforço do historiador, sua vestimenta corpórea e individual: tornaram-se patrimônio comum de todos os espíritos.

No entanto, a morte não basta para proteger dos rancores do amor-próprio: os vivos sentem inveja também dos mortos. Costumam ser mais perturbados pela lembrança de um inimigo que está morto que por sua presença viva, que justificava seu ódio e proporcionava um objeto a seus ataques. Assim, existe uma inveja sutil que, em vez de se extinguir com a morte, é avivada por ela, como se a morte recobrisse nosso inimigo com uma proteção imprevista. É que os homens não sentem inveja de um ser real, mas apenas da ideia que ele encarna e que os humilha; por isso, sua morte material, mesmo que desejada por eles, não os cura de sua inveja, porque liberta essa ideia, em vez de aboli-la.

O próprio ódio com o qual perseguem um inimigo além da morte é prova de sua imortalidade. Esse próprio ódio o imortaliza. Ao protegê-los do que o inimigo poderia ter-se tornado, a morte não os protege do que ele foi: fixa para sempre seu passado e confere-lhe a imóvel majestade das coisas idas. A morte o defende também das fraquezas que teria podido cometer. Defende-o ainda do mal que poderiam ter feito contra ele. Confere-lhe uma força silenciosa contra a qual os outros se sentem impotentes. Cerca-o com uma barreira de respeito. Pode ser o ponto de partida de sua glória.

O amor-próprio se realça mais diminuindo o mérito dos homens de gênio, cuja glória atravessou os séculos, do que denegrindo os vivos, cuja vida está misturada à nossa. Existe no amor-próprio um paroxismo que o faz odiar a todos esses grandes mortos cuja glória parece diminuir aquela que ele poderia almejar. E os maiores entre os vivos, cujas fraquezas são mais aparentes, são protegidos por elas contra a inveja mais tenaz e mais secreta.

9. Grandes homens

Imagina-se rápido demais que os grandes homens carregaram durante a vida aquela aura de glória que lhes é conferida pela eloquência de nossa imaginação. O que os fazia grandes era com frequência de um acesso mais simples e mais familiar; basta-nos abrir os olhos para encontrar à nossa volta muitos homens que têm igual clareza no olhar, igual pureza interior e força de alma; mas nosso amor-próprio hesita em reconhecê-los e nossa preguiça só tem força para admirar os que obtiveram um nome nas letras ou os que a fortuna marcou com seu sinal. No entanto, as maiores coisas são feitas sob os nossos olhos sem que imaginemos sua grandeza, e são o arremate de muitas pequenas coisas. Inclusive, não existe espírito medíocre que, sobre algum ponto, não possa ter visões mais claras e objetivos mais longínquos que o espírito mais profundo e mais vasto.

Os maiores e os menores se encontram, idênticos, na presença dos acontecimentos essenciais da vida, tais como a morte, o amor ou a dor. E são por vezes os que haviam sido julgados menores que parecem então os maiores.

Criar é sempre exercer alguma potência que recebemos: a verdadeira grandeza não está no valor do dom, mas no uso que consentimos em fazer dele. Assim, as ideias sempre se apresentam aos homens de modo inopinado e apesar deles: e a única diferença entre eles é que uns sabem recolhê-las e outros não. É próprio do gênio prestar atenção às pequenas luzes que iluminam todos os homens, mas que a maioria deles praticamente não nota: isso porque elas se apagam quase de imediato quando não se tomam todos os cuidados para abrigá-las e reanimá-las.

Mas também acontece que a grandeza se revele a nós de uma só vez e nos incline, por assim dizer, diante dela. Isso ocorre quando descobrimos um ser que é grande somente pelo que é e não pelo que faz, um ser que, por meio de todos os objetos aos quais se aplica sua atividade, se relaciona apenas com o Todo. Tudo o que retemos de tal encontro é a revelação de um mundo mais real do que aquele onde vivemos habitualmente, e no qual esse ser que é grande parece viver todo o tempo.

Mas então ele nos parece capaz de bastar-se a si mesmo: e pensamos que, na multidão indiferente, ele só pode distinguir servidores e testemunhas; que não precisa de amigos, visto que desfruta sem intermediário da verdade e do bem. Que poderia ele pedir a outros seres que possuem menos que ele próprio? Dir-se-á que seu dever é fazer que outros participem dos dons que recebeu? Mas ele não recorre, para isso, a vontades particulares: sua simples presença tem um efeito melhor e mais seguro. Ele atrai para seu entorno, portanto, um círculo de espíritos atentos que dele haurem como de uma fonte que nunca se esgota.

No entanto, é seu destino dar-lhes sem conhecê-los, não fazer diferença entre eles, não conceder a nenhum deles o menor privilégio, calar entre eles qualquer suspeita de inveja e suscitar neles o sentimento de admiração que circunda sua solidão e a consome.

10. Servir a seu próprio gênio

Toda a infelicidade dos homens vem de que não existe nada mais difícil, para cada um deles, do que discernir seu próprio gênio. Quase todos o desconhecem, desconfiam dele, são ingratos para com ele. Empenham-se até em destruí-lo para colocar em seu lugar uma personalidade de empréstimo que lhes parece mais espetacular. Todo o segredo da potência e da alegria consiste em descobrir-se e em ser fiel a si mesmo, tanto nas menores coisas como nas maiores. Até na santidade, trata-se de realizar-se. Quem desempenha melhor o papel que é o seu, e que não pode ser desempenhado por nenhum outro, é também o mais afinado com a ordem universal: ninguém pode ser mais forte nem mais feliz.

Toda a nossa responsabilidade recai, portanto, sobre o uso das potências que nos pertencem exclusivamente. Podemos deixar que se percam ou fazê-las frutificar. Assim, nossa vocação só pode ser mantida se permanecemos perpetuamente em seu nível, se nos mostramos sempre dignos dela. O papel de nossa vontade é mais modesto do que imaginamos; é apenas o de servir a nosso gênio, o de destruir diante dele os obstáculos que o freiam, o de fornecer-lhe incessantemente um novo alimento, e não o de modificar seu andamento natural nem o de imprimir-lhe uma direção escolhida por ela.

Existe em todo homem um pensamento secreto que ele deve ter a probidade e a coragem de expor à luz do dia. Não deve preferir a ele uma opinião alheia que lhe pareça mais elevada, mas que, incapaz de se alimentar em seu próprio solo, nele não crescerá. Não podemos esperar possuir outras riquezas além das que já trazemos em nós. Basta explorá-las, em vez de negligenciá-las. Mas elas são familiares demais para que nos pareçam preciosas, e corremos atrás de outros bens que brilham mais e cuja posse nos é recusada. Mesmo que pudéssemos alcançá-los, não deixariam em nossas mãos nada além de sua sombra.

No entanto, a confiança que se tem na própria vocação comporta, por sua vez, certos perigos. Minha vocação não está feita de antemão: cabe a mim fazê-la; preciso saber extrair de todos os possíveis que estão em mim o possível que devo ser. Também não devo confundir minha vocação com minhas preferências, embora minha preferência mais profunda deva afinar-se com minha vocação, nem o chamado de meu destino com todas as sugestões do momento, embora o momento sempre me proporcione a ocasião à qual devo responder. A sabedoria consiste em reconhecer a missão que só eu sou capaz de cumprir: pôr em seu lugar algum desígnio tomado de empréstimo é traí-la, assim como é traí-la alçar-me a pensamentos mais vastos que os que posso portar.

Ocorre com as vocações individuais, na vida da humanidade, o mesmo que ocorre com as diferentes faculdades, na vida da consciência. Cada faculdade – a inteligência, a sensibilidade ou o querer – deve exercer-se segundo sua lei própria, em sua hora e nas circunstâncias que convêm, caso contrário a consciência não conseguirá realizar sua harmonia nem sua unidade; mas, quando ela se exerce como se deve, é a alma inteira que age nela. Da mesma forma, o destino da humanidade inteira está presente na vocação de cada indivíduo, contanto que ele a aceite e a ame.

5. A ATIVIDADE

1. Potência da atividade

A experiência mais dramática que posso ter, assim que minha consciência se aplique a isto, é a do movimento com que movo o corpo, por exemplo, o dedo mindinho, e que me revela o mistério de minha iniciativa e o milagre de minha potência. Ela torna presentes e vivas para nós, a cada minuto, as palavras de Goethe: *No princípio era o ato*, o ato que é o princípio de todas as coisas. Todos os modos do ser são os modos de uma atividade que ora triunfa, ora sucumbe. Eu sou onde ajo. O ato é o primeiro motor pelo qual não paro de criar, a cada instante, minha própria realidade. Se me separo de todos os objetos e de todos os estados que me retêm e me dispersam para buscar, indefinidamente, minha própria purificação interior, a essência radical do meu ser, tudo o que descubro aí é um ato que, para se exercer, precisa apenas de um consentimento puro.

Os pessimistas pensam que a característica da atividade é tão somente arrancar-nos à dor e ao tédio e, por conseguinte, distrair-nos. Mas que vida é essa, então, da qual a atividade está encarregada de nos distrair? Qual é seu horrível segredo? Será possível distingui-la da atividade em si? Só a conhece o ser que age, dado que aceita penetrá-la e colaborar com ela. Mas então ele abandona todas as dúvidas, todos os pesares que até então, com efeito, o impediam de viver.

O ato livra o ser finito de todas as suas correntes: do desejo, do temor, da preguiça e do tédio. Já não lhe permite pôr-se à margem da criação, guardando ainda a pretensão de julgá-la; faz com que participe da potência criadora. Por isso, nossa preocupação jamais deve ser com o estado, que só expressa nossa limitação, mas apenas com o ato, que expressa nossa essência. Não devemos ter olhos para o mundo, mas apenas para a atividade que, a cada instante, em nós e fora de nós simultaneamente, nos faz ser.

Isso porque cada vida é uma realização, isto é, um ato que não para de se realizar; por isso, tão logo nossa atividade decai, sucumbimos às misérias do amor-próprio, tudo é para nós uma carga e, pior, somos uma carga para nós mesmos. Mas tão logo ela se reanima, já não pode ter outro fim além de si mesma, não deixa ao amor-próprio lugar para nascer. Pois ela é o nada que tem o poder de tudo vir a ser, isto é, de dar-se tudo.

2. Ser perspicaz e ser forte

Ser perspicaz é conhecer e conhecer-se; é também prever e ser sagaz, é apreender os matizes do real, é penetrar os recessos, é ser diante dele como um jogador atento que não se deixa surpreender. A perspicácia é um tato delicado das diferenças, uma sensibilidade à mudança, mesmo a mais tênue, uma flexibilidade do pensamento e da vontade, uma simpatia sempre nascente, mas que nunca perde a iniciativa e jamais se deixa enganar. Ela sempre ultrapassa o invólucro das coisas, cuja alma secreta – em seus mínimos movimentos – ela adivinha e pressente. É parente do gosto. Nas artes, confere à imitação uma graça sublime e natural. Pode tornar-se um jogo intelectual do qual o sentimento é abolido. É pouco inventiva; mas desposa a realidade de tão perto, que chega a se adiantar a ela: antes mesmo que os acontecimentos estejam completamente formados, a perspicácia se exerce no teclado mais extenso de suas respectivas possibilidades.

Ser forte é construir ou destruir. É agir sobre as coisas visíveis; é dominá-las e colocá-las a seu serviço. Aquele cuja força parece comandar os seres, e não sobre as coisas, ainda trata os seres como a coisas; faz deles instrumentos de seus desígnios. A força não precisa exigir para obter: isso seria sinal de que lhe faltam potência e segurança. Não é necessário que ela tenha uma consciência muito aguda de si mesma: o pensamento a retarda e a dispersa. Vê-se a força praticar até uma espécie de ignorância voluntária. Ela fica atenta a certa unidade no objetivo por alcançar, mas é pouco sensível às diferenças nas circunstâncias: conta consigo mesma para reduzi-las. Age com frequência de modo inverso ao da reflexão: reúne em edifícios os elementos que a análise deixa isolados; reduz a pó as obras que a paciência ergueu lentamente.

Mas é preciso buscar um equilíbrio entre a perspicácia e a força. O extremo da perspicácia é sempre um retorno à simplicidade. A renúncia à força é, não raro, signo de uma força maior.

A perspicácia tem razão em buscar alcançar, por uma espécie de cumplicidade, as disposições mais íntimas dos seres; mas fica atenta demais à sutileza de seu jogo. A força tem razão em salvaguardar a nitidez do olhar e a retidão da intenção; mas deposita muito interesse nos efeitos materiais. Seria preciso inverter suas relações, mas, ao subordinar a perspicácia à força, voltar a força para a conquista daquela unidade interior que a perspicácia tira de nós e reservar a perspicácia para os detalhes de execução que a força é incapaz de gerir. Assim se evitaria ver a perspicácia tornar-se flexível demais e a força demasiado brutal.

Pois cumpre que a força seja tão secreta e tão oculta que aja sem ser sentida, e que a perspicácia seja tão direta e tão segura que apague até o rastro de um querer hábil demais.

3. Moderação

Para pensar e para agir, é preciso uma ruptura de equilíbrio, mas que não ultrapasse certo grau. Quando o corpo tem demasiada segurança, o pensamento tem menos liberdade; este tem mais movimento quando o corpo não está totalmente satisfeito: a insônia, a fome, quando destituídas de excesso, dão-lhe mais leveza e um toque mais fino. Antes de se transformar em preocupação, a necessidade aguça o pensamento em vez de distraí-lo.

Não se pode agir sem ser impelido por algum impulso: mas é preciso ser senhor de si na execução. A ação é uma adaptação maleável e viva às condições que nos são oferecidas: é preciso modelá-la numa matéria que não criamos. Para isso, não se deve deixar passar a ocasião, mas responder a ela com tato e moderação, pois quem age deve respeitar o pudor e o gosto. A moderação é a virtude de uma atividade que persegue seu objetivo mas ainda não o alcançou; ela tempera os excessos do impulso; torna-nos sensíveis à presença da razão, que é uma disciplina, antes de ser uma luz. É parente da ordem, que se antecipa à justiça e à verdade, mas é tão somente sua imagem, e só tem valor se for um método que nos aproxima delas, que faz com que sejam pressentidas e que, até certo ponto, as imita.

A moderação é um meio-termo entre dois extremos: é capaz de se coadunar com a força, com a sabedoria e com a graça; não é ela própria uma finalidade, mas antes uma arte de perseguir todas as finalidades, de alcançá-las e até mesmo de desfrutar delas. Toda finalidade é um extremo que preenche a atividade e não lhe deixa nenhum movimento para ir além. No entanto, mesmo quando visa aos maiores bens, mesmo quando os possui, o espírito só deixa que se rompa seu equilíbrio para recuperá-lo e sentir melhor o ato que o mantém. Esse equilíbrio rompido e restabelecido no mesmo instante é, para ele, um bem que tem preço maior que todos os outros e sem o qual estes últimos não poderiam ser reconhecidos nem experimentados.

A moderação, longe de desacelerar ou enfraquecer nossa atividade, faz uso de todo o seu movimento para preencher o intervalo que separa os extremos, e de toda a sua força para manter firmemente o meio. Trata-se de garantir à atividade seu prumo, sem paralisar seu ímpeto. O espírito, para ser senhor de si mesmo, deve colocar-se num centro imóvel onde tenha nas mãos, sem se deixar conquistar, os desejos tendentes simultaneamente a todos os extremos.

4. Domínio de si ou entrega

A moderação, o sangue-frio, o domínio de si não são virtudes que podem bastar-nos. Elas retêm todos os impulsos, os melhores e os piores. Podem impedir o nascimento do entusiasmo e até a penetração da luz em nós. São virtudes de defesa, de prudência, de reserva, mas que por vezes mal se distinguem de certos vícios, do fechamento, da cautela, do desprezo. Favorecem todos os cálculos; tornam possíveis todos os empreendimentos deliberados nos quais o indivíduo busca sua própria vantagem. São-nos úteis cada vez que estamos divididos de nós mesmos, cada vez que buscamos alcançar um fim desejado, cada vez que temos receio de estar iludidos ou de não ser bem-sucedidos: e no passado se dizia dos ladrões que eram sóbrios e tinham hábitos bem regrados. Retêm os movimentos da espontaneidade: os da paixão, mas também os do amor. Só têm valor para purificar a alma de todos os impulsos sensíveis capazes de arrastá-la e distraí-la, e para preparar um dom de si que deve ser uma perfeita entrega.

O domínio de si não deve ser um efeito do amor de si, mas da atitude contemplativa pela qual reconhecemos que somos uma parte do Todo e que devemos submeter-nos à sua lei, em vez de buscar submetê-lo aos nossos desejos. É belo poder dizer que se tem o coração em seu próprio poder, em vez de estar sob o poder do próprio coração. Mas esse domínio de si pode tornar-se horrível, como se vê entre os hindus, que nos pedem que comandemos nossos sentidos até que uma forma sedutora nos pareça repugnante e que uma forma repugnante tenha, para nós, alguma sedução. Isso é sinal de orgulho, de uma recusa a se inclinar diante da ordem universal, a reconhecer os sinais que ela põe diante de nossos olhos, a responder aos chamados que ela nos faz e aceitar as condições daquela comunhão com todos os seres que nos permite amá-los, ora graças à sua beleza, que nos atrai e eleva, ora por causa de seu sofrimento, que é preciso sentir para tentar livrá-los dele.

O domínio de si que os estoicos recomendavam como a primeira das virtudes, e que os ingleses praticam por um efeito da educação, sem para isso necessitar de filosofia, é não raro um endurecimento de nosso eu separado: impede, com os outros seres e com a natureza, aquelas trocas sutis que são impossíveis quando nos recusamos a qualquer entrega.

Existem duas formas de espontaneidade: uma espontaneidade individual, egoísta e carnal, cujo domínio é com frequência uma tarefa da consciência e da vontade, e uma espontaneidade espiritual, plena de expansão e amor, diante da qual o domínio de si não passa de uma retenção do amor-próprio. Podemos distingui-las por traços leves que é preciso saber reconhecer, sem nos determos neles. Nem sempre elas se opõem: a vida mais forte e mais sábia é a que comporta mais flexibilidade e liberdade; ocorre até que aqueles que não temeram confiar-se aos movimentos de seus sentidos sejam os mais aptos a se confiar aos movimentos da graça. Sempre nos preconizam a medida, e parece que nunca sabemos parar a tempo. Mas também acontece que tenhamos demasiada moderação, isto é, que careçamos de força para levar cada ação até seu último ponto.

5. Atividade comum e atividade excepcional

Existe em cada um de nós uma atividade comum, que se exerce em quase todos os acontecimentos de nossa vida, e uma atividade excepcional, que pressupõe a outra, mas que é, com relação a ela, uma justificação e uma evasão. Cada um consome a primeira tão perto de si, que mal a nota. A outra se torna mais facilmente um espetáculo e um objeto de admiração. Mas talvez não seja nossa atividade mais verdadeira: ela atinge, por vezes, uma espécie de amplitude monstruosa que lhe faz perder a solidez. Forma uma bolha brilhante, mas é frágil e ilusória quando não é alimentada pelas virtudes mais comuns, das quais deveria ser o florescimento.

Seria preciso perguntar ao homem que conquistou a glória se ele também fez reinar a felicidade em si mesmo e à sua volta; se não experimentou, nos momentos de solidão consigo mesmo em que se avalia o próprio destino, o sentimento amargo de sua própria miséria: pois cada um de nós encontra em si mesmo um juiz muito mais perspicaz que a opinião. Ao contrário, existe uma atividade invisível e oculta, sempre presente para si mesma, que pode não ultrapassar um círculo muito estreito, mas que nele difunde indubitavelmente seus efeitos; que não se orgulha de si mesma, mas nunca falta àquele que a possui. Não adquire renome, mas não há quem a conteste; e ninguém sonha em colocar na balança, como quando se trata da outra, seu valor verdadeiro e a estima que se tem por ela.

É preciso que cada um de nós, sendo um indivíduo e não apenas um homem, tenha forçosamente uma vocação que lhe seja própria: mas essa é uma necessidade comum que é preciso associar à atividade comum e transformar em uso comum. As ocupações essenciais da vida, aquelas às quais importa dar gravidade e profundidade, são as mesmas para todos: são também as únicas a ser sempre novas. É muito fácil enganar-se quanto ao valor real de um homem: são as relações da vida cotidiana e as conversas particulares entre amigos que trazem à luz valores falsos e revelam valores desconhecidos.

O contato constantemente renovado com nós mesmos e de nós mesmos com Deus dá um sentido luminoso e profundo às nossas tarefas mais simples e mais familiares. Ensina-nos a sentir em sua regularidade uma espécie de encanto espiritual, a experimentar o prazer sempre rejuvenescido que as diferentes horas do dia trazem consigo à medida que passam e que se prevê sua vinda.

6. Atividade profissional

Existem aqueles que dedicam com naturalidade todos os recursos de seu espírito às coisas profissionais, ao passo que outros só conseguem consumi-los fora delas. Os primeiros têm mais gosto pela obra feita em equipe, em que uma tarefa distribuída requer a colaboração de todos e a responsabilidade de cada um, em que as regras servem de guia e exigem exatidão e habilidade na aplicação, em que o contato prolongado com o mesmo objeto permite que os hábitos nasçam e que as dificuldades sejam avaliadas e superadas. Eles são recompensados por sua perseverança e seu zelo com uma criação invisível, útil, cuja perfeição e cujo mérito são imediatamente reconhecidos.

Existe nos outros mais independência, e até mais indisciplina. As obrigações inseparáveis de toda atividade metódica os paralisa, em vez de apoiá-los. É preciso que a iniciativa deles permaneça sempre intacta. Só produzem quando lhes apetece. Cada uma de suas iniciativas deve ser comandada por uma necessidade interior, e não por uma tarefa por cumprir. São poetas, mais que operários. Não dão quase nunca o que se teria o direito de exigir. Mas entregam um suplemento que ultrapassa toda expectativa: sua simples presença nos ilumina; nela existe, em geral, uma generosidade que nos satisfaz plenamente.

Seria preciso que os primeiros, que se acham desamparados quando lhes falta a função, tivessem em toda parte regras para aplicar, como se a tarefa da profissão reinasse em sua vida inteira: então nós os perdoaríamos o carecer de um pouco de liberdade e impulso. Seria preciso permitir que os outros exercessem, na profissão, seus dons naturais, sua fantasia, o jogo imprevisível de sua potência criadora. No entanto, nesse mesmo trabalho que eles terão escolhido e que corresponderá melhor a seu gosto e a seu gênio, teremos de perdoar-lhes certa irregularidade, e até algumas falhas.

Se a profissão nem sempre está de acordo com a vocação, não raro isso é efeito de uma escolha ruim, mais que de um destino ruim. É por vezes um teste que o destino nos impõe, a fim de nos obrigar a descobrir e exercer algumas de nossas potências ocultas. É quase sempre uma ilusão produzida pela vaidade, por falta de atenção ao presente, pela necessidade de distração, pelo preconceito de se achar reservado a um destino mais belo. Não se deve, porém, criar uma oposição entre nosso trabalho e nossa tarefa de homem: é preciso fundi-los. A mais perfeita atividade na profissão não é a que se conforma mais fielmente às regras do ofício, mas a que as dita porque as ultrapassa. E, se nunca se deve transformar em trabalho a parte divina de nossa atividade, não existe profissão que não a deixe transparecer.

7. A distração

A distração é sinal da minha incapacidade de bastar-me a mim mesmo; ela espera a felicidade de um objeto exterior a mim que não pode dar-me nenhum contentamento. E o próprio desejo só é um mal porque é o princípio da distração.

Existe uma distração do corpo que nos impede de ficar no mesmo lugar. Os homens pretensiosos e superficiais, carnais e transitórios, têm necessidade daquela forma de distração que lhes revela sempre algum aspecto novo do mundo – como se vê em seu gosto pelas viagens. Já os homens mais profundos consideram essa novidade como sempre igual: ela perde de imediato seu frescor. E é aquilo que é sempre igual, isto é, a presença deles no mundo, que lhes parece algo sempre novo.

Mas a distração do corpo é sempre uma derrota do espírito. A distração passa sem cessar de um objeto a outro, porque busca sempre uma satisfação perfeita que nenhum objeto particular é capaz de proporcionar. É próprio do espírito, porém, permanecer ligado a um objeto eterno e ser capaz de reconhecer no mais humilde espetáculo que lhe é oferecido uma presença que jamais se esgota.

Todo pensamento subjacente é uma distração: divide a atenção que devemos dar ao presente e nos impede de nos dedicar a ele. Recalca a parte divina de nossa atividade. Existem pensamentos subjacentes físicos, como a sensação de estar doente, que subjugam o espírito ao corpo; mas os verdadeiros pensamentos subjacentes são espirituais, como a perturbação produzida por um passado cuja imagem já não se suporta, ou cujas consequências se calculam, e a preocupação com um futuro que é temido ou esperado. Pois é sempre o tempo o que nos distrai.

A distração é um mal que não se deve tentar organizar ou regular: é um sinal de consciência pesada e de tristeza interior.

A maioria dos homens encara o ofício como uma tarefa e busca distração noutro lugar. Muitos, porém, para os quais o lazer pesa mais que a tarefa, vivem o ofício como uma distração. No entanto, o destino comum de todos os que buscam a distração é ser incapaz de desfrutar dela: pois ela tem aquele sabor impuro e amargo que lhe é dado pela obscura preocupação com uma tarefa mais essencial, da qual o ser parece querer escapar como se buscasse fugir de si. É só quando a atividade deixa de ser uma distração e nos toma por inteiro que ela se torna fecunda, alegre e inocente; alcança então a liberdade, a força e a graça do jogo. Ou ela se instaura e impede a distração de nascer, ou se retira e a distração está em toda parte.

Os dois vícios opostos de uma atividade deficiente são a distração e o torpor. Mas o torpor ainda é capaz de ser sacudido: deixa no espírito um vazio que sempre pode ser preenchido. Ao passo que na distração o espírito é ocupado por um objeto ilusório que não basta para enganá-lo, mas que o impede de acolher o que quer que seja. Tudo pode ser matéria para distração, mesmo o objeto mais nobre e mais puro. Os homens mais grandiosos, os eruditos, os conquistadores podem viver na distração. E o que chamamos de genialidade não passa com frequência de uma distração espetacular.

8. As virtudes do lazer

O lazer permite uma fruição de si e do mundo que nos revela as coisas por um aspecto novo e desconhecido; descobre-nos a própria essência das coisas, que permanecia oculta enquanto só víamos sua utilidade.

No lazer a atividade volta a ser livre e presente. Já não tem sua fonte numa solicitação que a pressiona, e sim numa invenção que lhe é própria. É emancipada de toda preocupação; fica disponível; não se subordina a nenhum objeto. Segue seu movimento e sua inclinação, criando sempre e simultaneamente, e sem pensar nisso, seu objeto e sua finalidade. A maneira como empregamos o lazer revela nossa potência e nossos limites. No lazer, uns se abandonam às satisfações dos devaneios, outros se deixam invadir pelo tédio. Só alguns exercem uma atividade verdadeiramente humana, livre de todas as tarefas particulares e capaz de superá-las e contê-las simultaneamente.

É por vezes salvar um ser retirar-lhe o lazer do qual só sabe fazer mau uso. Muitos homens aos quais o lazer é dado só acolhem a ociosidade, que é sua corrupção. O lazer não deve ser dedicado à distração: mas o ocioso é incapaz até de se distrair.

O lazer é a condição do sábio, que não tem preocupação nem impaciência; que ignora o desejo e a nostalgia e cuja atividade se exerce sempre num presente que o satisfaz por inteiro. Existe um lazer que, para certos homens, é um estado; um lazer que, para outros, é fruto do trabalho; por fim, um lazer, o melhor e mais raro de todos, que se distingue tão pouco do trabalho, que não nos permite reconhecer se esse trabalho é uma recompensa, uma obrigação, um movimento natural ou uma livre escolha. O signo do homem livre é fazer coincidir a alegria com sua atividade mais habitual: o signo do escravo é separá-las.

É mau sinal partir da recusa de toda ocupação, com o pretexto de preservar o lazer e a pureza da atividade interior. Reivindicar um tempo vazio de ocupações a fim de preenchê-lo a seu bel-prazer é assumir a responsabilidade mais temível; é arriscar-se a introduzir em si o pior mal, que é o da impotência de agir. É preciso que a atividade possa empregar sempre todo o seu ímpeto; e pode eventualmente ser preciso ter muitas coisas para fazer a fim de fazer bem todas elas. A atividade interior não é uma atividade separada: cumpre que ela sustente e ilumine todas as nossas ocupações, em vez de escapar-lhes; é transformando-as que ela parece aboli-las.

A ação só tem um caráter de naturalidade, de potência e de fecundidade no lazer: é também o lazer que produz o conhecimento e a felicidade. O lazer cessa quando nossa atividade é captada e dispersada pelo objeto; e renasce quando o objeto não faz mais que liberá-la. Não se deve, portanto, confundir lazer com a inércia: o lazer é a virtude da atividade purgada de todo pensamento que a divide e capaz de se exercer com simplicidade e inocência.

9. Preguiça e esforço

É a preguiça de atentar para a luz interior e de tirar proveito dos bens que estão sempre à disposição dos homens que faz com que, não raro, eles desperdicem sua inteligência e sua vontade na ociosidade e na distração. Não existe paixão mais potente que a preguiça: mas é uma paixão da carne. Por vezes se acredita que existe uma doença do espírito que é o entorpecimento ou a languidez; mas o mal não está no espírito, que é inacessível a todos os ataques. O espírito é uma atividade sempre pronta, uma graça sempre oferecida. Assim, ele exclui a preguiça, que nasce tão logo cessamos de ouvir sua voz para nos entregar à inércia da matéria e às satisfações do corpo.

O esforço não é, como se crê, um sinal da atividade, mas a marca de sua limitação e de sua impotência. E o ser que age por esforço resiste à atividade, mais que consente nela. À medida que o consentimento se torna perfeito, o esforço diminui. Toda atividade material requer que a forcemos; deixa no espírito outra preocupação e produz rapidamente uma fadiga: toda atividade de empreitada exige repouso. Mas a atividade interior é um dom e um livramento, e não um esforço que nos coage e nos limita; só ela pode preencher toda a nossa capacidade. Não precisa que o repouso a regenere, visto que é ela que, a cada instante, regenera nosso próprio ser; a ociosidade, ao contrário, produz ela mesma uma fadiga da qual a atividade nos cura.

Não se pode, portanto, estar seguro de haver descoberto a verdadeira atividade senão quando se tem consciência de que ela já não pode fadigar-se nem desgastar-se. Ela supera as tarefas particulares que, todas, nos subjugam. É uma atividade que me ultrapassa, na qual só posso consentir, mas que não pode esgotar-se nem faltar-me. É uma atividade total pela qual minha atividade dispersa é esquecida, unificada, fortalecida, transfigurada. Viver uma vida livre e divina é exercer essa atividade pura que consiste sempre, para nós, num descanso e numa alegria.

6. O CONSENTIMENTO

1. Vontade e inocência

Ao escolher certos fins que tentamos realizar por meio da arte mais sofisticada, encerramos o futuro antecipadamente nos limites de nossa imaginação. No entanto, a natureza é infinitamente mais sofisticada que a arte. É preciso deixar-se levar por ela, em vez de traçar diante dela caminhos destinados a surpreendê-la e coagi-la. Cedendo ao movimento natural de nossa atividade, desfrutando de seu jogo, evitando fazer dele um meio a nosso serviço e impor-lhe como limites os nossos desígnios, conferimos-lhe toda a sua força e fazemos com que dê seus mais belos frutos. Mas, dirão alguns, estes já não correspondem aos nossos desejos. É nisto precisamente que consiste seu valor: quando purificada do desejo, a vida, ampliada para além de si mesma, proporciona sem cessar novos bens que ultrapassam infinitamente a expectativa de todos os desejos, mesmo os mais loucos.

A única coisa que cabe especificamente à vontade é aceitar ou recusar o chamado que a solicita. A entrada na vida nos é oferecida sem que sejamos consultados: sempre temos, porém, o poder de sair dela. Da mesma forma, a vontade pode acolher ou rejeitar os movimentos da natureza, tanto quanto os da graça. Mas a potência que a comove vem sempre de mais longe; a vontade é apenas seu veículo, e tem o papel admirável, a um só tempo modesto e soberano, de abrir-lhe em nós uma passagem. Sua operação não é mais que um consentimento puro. Ela perturba a ordem do mundo se pretende um poder próprio; nada nos impede mais de alcançar um bem do que uma demasiada vontade pessoal de possuí-lo. É preciso purificar-se igualmente dessa vontade e ceder ao bem, mas não forçá-lo.

Quem acaba de comer da árvore do bem e do mal discerne de imediato o bem do mal, mas é porque vê que de súbito o bem lhe falta; a vontade se torna então seu único recurso. No entanto, existe um estado de inocência que está além do bem e do mal, que permite possuir o bem sem envaidecer-se dele nem temer perdê-lo.

É preciso ter confiança suficiente na ordem do universo para pensar que os bens que se oferecem a nós sem que tenhamos pensado neles são sempre melhores que os que havíamos buscado e desejado. Os bens mais simples e que ninguém discute – a saúde, a felicidade, a virtude – são tão inseparáveis do próprio ser, que, quando os possuímos, é quase sempre sem os conhecer, sem os querer e no mínimo sem nos deter neles para desfrutar deles.

2. A ocasião

É preciso que o pensamento e a vontade se abstenham dos vastos projetos formados pela imaginação com o intuito de impor ao universo a lei de nosso amor-próprio. Na realidade, nada se requer do homem além de um estado de presença atenta, no qual ele não deixe passar nenhum chamado sem ouvi-lo, nenhuma ocasião sem responder a ela. É sempre uma falta de sabedoria caminhar com presunção rumo a um fim longínquo que nos seduz e permanecer indiferente e cego diante dos convites que a Providência não para de nos dirigir. Só se faz bem o que se faz quando se abandona todo desígnio pessoal e até toda vontade própria, quando se está sempre disponível com uma iniciativa sempre pronta: é preciso deixar a uma necessidade presente o cuidado de nos comover e reunir todas as nossas potências interiores em prol de uma ação que não pode sofrer atraso.

São-nos continuamente oferecidas demasiadas ocasiões para que tenhamos necessidade de nos antecipar a elas; não precisamos temer que nos faltem: só podemos deixá-las passar. Mas é preciso ter perspicácia suficiente para ser capaz de reconhecê-las, agilidade suficiente para ser capaz de captá-las. A vida espiritual só nos pede que respondamos a essas propostas que nos são feitas continuamente. Não nos pede que as provoquemos, nem que as forcemos, nem sequer que as espreitemos com excesso de zelo; basta aceitá-las com docilidade. As ocasiões mais humildes podem dar ensejo às ações mais belas. É com a qualidade da ação que nosso pensamento deve preocupar-se, mais do que com a matéria que lhe é fornecida; e os que não pedem para escolhê-la são também os que melhor percebem seu destino espiritual e que fazem dela o uso mais puro.

Samuel diz a Saul: *Faze tudo o que se apresentar para ser feito; pois o Eterno está contigo.* Ora, o Eterno está com cada um de nós. As ocasiões são um dom de Deus; e a confiança que temos nelas é uma forma da confiança que temos nele. Cabe a nós discerni-las e fazê-las frutificar, mas não criá-las. Ao nos enviar a ocasião, Deus provê a todas as nossas necessidades: é a ocasião que dá à nossa atividade a prova que a fortalece e o alimento que a nutre.

É sempre ser inimigo de si preferir a ocasião que fizemos nascer à que nos foi dada. Pois existe no universo uma ordem à qual nos cabe amoldar-nos, e não prescrever. Não basta que uma coisa seja boa em si mesma para que deva ser dita ou feita: cumpre que seja dita e feita em sua hora e em seu lugar, isto é, que esteja em sua posição dentro do universo. Assim, coisa alguma em particular possui valor em si mesma; e as melhores se tornam execráveis quando destacadas da ordem que devem contribuir para produzir e manter. Viver é saber empregar o tempo e todas as ocasiões que ele nos apresenta sucessivamente. O difícil, de fato, é coadunar o querer com a ocasião: e, no entanto, nosso destino só é plenamente cumprido por um encontro admirável de nossa iniciativa com os acontecimentos.

3. Dizer sim

Todo ato consiste em dizer sim, todo ato é um ato de consentimento: pois toda atividade vem de Deus, e a única coisa que nos é dada é acolhê-la ou rejeitá-la. Contudo, esse consentimento que damos a Deus nos reúne a Deus tão estreitamente, que é o próprio Deus que parece dá-lo em nós; e no entanto é quando sua ação se faz sentir da forma mais irresistível que nós somos nós mesmos no mais alto grau.

O poder de Deus não limita nossa atividade: alimenta-a. Os que aplicam sua vontade a uma obra pessoal esfalfam-se para produzir pouco fruto. A vontade tem um papel mais modesto: fazer com que se cale a voz do amor-próprio quando ele nos incita a agir, evitar a distração, dispor-nos para acolher a luz interior e permitir que esta exerça em nós uma potência mais perfeita que ela, a qual nos permite engendrar, por uma necessidade natural, com facilidade e alegria, obras muito mais belas que todas as que ela própria teria sido capaz de produzir.

Assim, é preciso distinguir em nós duas espécies de atividade: uma atividade que nos ultrapassa, mas que nos ilumina e nos conduz, e uma atividade individual, que se submete à outra ou resiste a ela. Quando se submete, porém, ela aprova, por assim dizer, sua própria abolição. Então a outra parece reinar sozinha; mas, ao mesmo tempo, os fins capazes de satisfazer a atividade individual são tão perfeitamente realizados, que esta, ao receber o conhecimento, a potência e a alegria, tem a ilusão de que os deu a si mesma.

Toda atividade é superior àquele que a exerce: cabe a cada um de nós, ao aceitar participar dela, dar-se o ser a si mesmo. No entanto, trata-se de uma aceitação que deve ser incessantemente renovada, visto que nos mantém na existência ao manter nossa união com Deus. Tão logo deixamos de dá-la, parece que a existência nos escapa e passamos a sentir apenas a miséria de nosso estado e a impotência de nossos desejos. Ao contrário, a marca da vida espiritual é abolir a diferença entre a vontade de Deus e nossa vontade própria; é impedir esta última de perseguir uma destinação separada e de se voltar contra o próprio princípio que a faz ser.

No momento em que cessa essa separação, em que a unidade do indivíduo e do Todo se restabelece, depois de se haver rompido, descobrimos em nós uma independência pessoal que pensávamos haver abandonado e a liberdade interior a que temíamos haver renunciado. É que, ao nos unirmos a Deus, nós nos tornamos, junto com ele, os operários da criação. Ao cessarmos de ser exteriores a ele, cessamos de ser exteriores a nós mesmos. Somos libertos de todas as restrições que nos retinham, de todas as preocupações que nos perturbavam, das servidões naturais, das correntes do hábito e do peso do passado. Adquirimos a iniciativa, a esperança e a alegria; nossa vida se torna um nascimento ininterrupto.

4. A matéria dócil

A matéria resiste àquele que a toma como termo de sua atividade e que tenta forçá-la; mas quem persegue um desígnio puramente espiritual encontra nela uma criada dócil que vem por si mesma responder a seus anseios. Pois não é por uma corrupção de nossa natureza que somos obrigados a nos voltar para a matéria a fim de agir, mas por uma exigência de nosso amor, que não para de criar o mundo e de dar à sua criação a forma mais bela.

A matéria jamais é o objeto da atividade: é apenas o meio que lhe permite exercer-se e revestir-se daquela forma sensível pela qual é capaz de alcançar os outros seres, comunicar-se com eles e comovê-los.

No momento de agir, o espírito não deve voltar-se para a matéria como para um inimigo que ele pretendesse reduzir. É até impossível que o espírito aja alguma vez sobre a matéria. Só pode agir sobre si mesmo, isto é, sobre suas próprias ideias: mas a matéria o acompanha. O espírito não cessa de prosseguir um movimento que lhe é próprio e, sem havê-los procurado, produz assim, no mundo visível, efeitos que traduzem seus sucessos e seus fracassos interiores.

Imaginamos poder ao menos agir diretamente sobre nosso corpo. Mas o esforço que fazemos para regular suas iniciativas não passa com frequência de um ato impotente pelo qual nosso espírito se torna seu escravo. É quem tem menos solicitude para com seu corpo que o dirige com mais sabedoria, contanto que nele fortaleça aquele princípio de vida do qual o corpo é apenas a figura.

Da mesma maneira, à falta de um amor de caridade que nos leve para outro ser por um impulso interior, acontece que sirvamos à matéria com uma espécie de febre para demonstrar, com a generosidade de nossos dons, o sentimento que sofremos por não experimentar. Mas essa é uma derrota pela qual tentamos enganar-nos a nós mesmos: nossa ação tem um sentido aparente demais porque não é, ela própria, mais que uma aparência de ação. É somente quando ela é a eclosão de uma semente interior, que lhe dá a vida e o crescimento, que pode encontrar lugar no mundo. Mas então ela já não está sujeita ao fracasso. Já não se precisa querê-la: ela se produz por si só no próprio momento em que parece ter-se tornado inútil. É perfeita e invisível: constitui uma unidade com a alma que a faz ser.

5. Os frutos da atividade

Não se deve ver em nenhum ato um simples meio de alcançar um fim mais distante; pois esse fim, por sua vez, não pode limitar nossa atividade: ainda não passa de um meio. Podemos, então, sacrificar nossa vida inteira a um fim infinitamente recuado que não estamos antecipadamente seguros de conseguir alcançar? Mas nossa verdadeira obra são os meios que empregamos: é por eles que nosso ser se forma. O objeto é apenas uma miragem que nos atrai: reduz-se a nada assim que nos aproximamos dele. Não possuímos nada além de nossa ação mesma no momento em que a realizamos. É o destino de toda finalidade escapar-nos sempre, dado que ela só pode suscitar o desejo ou extingui-lo.

Mas a verdadeira atividade nunca se torna prisioneira de sua obra. Deus renova incessantemente o rosto do mundo, mas por uma atividade plena de iniciativa, de maleabilidade e de liberdade, que jamais se subordina à sua criação. E nossa própria ação, quando só tem consideração por seu objeto, carece de pureza: é passiva, subserviente e má.

No entanto, sucede que a obra pareça superior ao operário e que este já não se reconheça nela. É que ela ainda expressa sua participação transitória numa atividade que hoje se retirou dele; mas a obra sempre permanece abaixo da potência que a inspirou, embora esteja agora acima do estado em que ele próprio se estabeleceu. Entre os seres que agem, uns estão voltados para o resultado da ação e se tornam escravos; os outros estão voltados para o princípio que lhe dá o movimento e a vida e são libertados.

Parece por vezes que o amor-próprio é capaz de sustentar a atividade; na realidade, ele a corrompe, porque é ávido de experimentar seus frutos. Ele o esporeia para o sucesso e assim o faz perder sua inocência, sua potência e o segredo misterioso de sua fecundidade. O ato sempre produz um fruto. Mas cumpre que a atividade não faça esforço para apressá-lo, e que a sensibilidade não se alongue na fruição dele; a virtude do fruto é conter a semente que sempre leva a novos crescimentos.

Existem ações que deixam atrás de si obras visíveis, como a escultura, a indústria, a geração, e outras que não deixam nenhuma, como a dança, a intelecção e o amor. Estas últimas são as mais nobres: delas não resta nenhum traço no tempo; não se distinguem de seu objeto. E, quando cessaram, guarda-se delas apenas uma pura lembrança ou uma potência mais perfeita.

6. As ações e o ato puro

Ninguém pode evitar distinguir entre as ações e o ato puro. Um homem de ação envolve sua vida no tempo. Tem perseverança: busca determinar antecipadamente o futuro. Todos os acontecimentos que se oferecem a ele suscitam e renovam sua energia.

Avalia um fim pelo esforço que deve fazer para alcançá-lo; e os próprios obstáculos com os quais se defronta parecem apoiá-lo, ao fazer nascer dentro dele a ambição de superá-los. Assim, reconhece-se unanimemente que a ação comporta uma duração durante a qual ela se exerce, uma sequência de fases pelas quais ela se realiza pouco a pouco, resistências que a testam, mas que a tornam imperfeita e, em certos casos, a fazem fracassar.

O ato é de definição mais árdua. Tem mais nobreza. Quando se testa várias vezes a bela palavra *ato* – tão perfeitamente simples e tão perfeitamente pura, a única que epíteto algum é capaz de alterar ou enfraquecer –, é de perguntar se não conviria reservá-la para algum uso sagrado. O ato não conhece esforço, nem duração, nem lassidão, nem fracasso, nem repetição, nem diversidade. É próprio da indústria humana buscar similitudes, com o intuito de poder recomeçar indefinidamente uma ação que foi bem-sucedida uma vez. Mas é próprio do ato produzir efeitos sempre novos por um princípio sempre idêntico. O ato estabelece um vínculo entre a eternidade e a duração; por si mesmo é eterno, mas permite que todos os efeitos transcorram na duração. Ação alguma jamais é capaz de nos satisfazer; o ato, porém, coloca sempre o infinito em cada uma de nossas ações e lhe permite, por mais humilde que ela seja, e contanto que nosso espírito esteja aí inteiramente presente, proporcionar-nos um contentamento absoluto.

Uma atividade perfeita e que corresponde exatamente a seu fim não ocupa apenas o espaço que lhe é próprio; difunde-se infinitamente para além dele. Preenche o universo. Há nela uma generosidade que não conhece limites, um amor que abraça tudo o que existe, um dom da graça no qual a graça está presente por inteiro. Ela não faz escolha alguma. É um simples consentimento à vida. Interessa-se pelos menores acontecimentos, e a falta de matéria lhe dá mais pureza. Não busca elevar-nos acima de nós mesmos. Não conhece exaltação nem violência. Não tem exigências. Ignora o bem que faz. É liberal; busca apenas comunicar-se, isto é, oferecer a si mesma. É um dom que ultrapassa todos os outros dons, visto que consiste no próprio poder de produzi-los.

7. Perfeição da atividade

O estado ao qual nossa vida inteira aspira e no qual gostaríamos de nos estabelecer eternamente não é um estado de paz, demasiado vizinho da inércia e da morte, nem um estado de fruição, no qual teríamos muito que vivenciar e muito pouco que compreender e fazer. É o estado de uma atividade alegre, desinteressada e inocente, fecunda e destituída de esforço, sempre radiosa e comungante. Existem seres a quem esse estado é dado como uma graça natural, e outros que só podem conhecê-lo pela inteligência e obtê-lo por uma vitória sobre si mesmos: os primeiros são modelos que admiramos; os outros são mestres que imitamos.

Por vezes nossa atividade para repentinamente de ser retida ou retardada; sentimos com clareza que foi porque atravessou o período dos desejos e dos testes, porque liberou uma potência que a ultrapassa, um movimento ao qual se entrega. É vencida, mas consente em sua derrota. Ora, o que lhe cabe é esse consentimento que ela pode recusar, e não o ato que ela realiza, visto que esse ato vem de mais alto, subsiste para além do momento em que é feito e já não interessa ao eu, uma vez que este aceitou entregar-lhe, por assim dizer, o cuidado de seu destino.

Mas o que sempre permanece nosso é a busca pessoal e laboriosa pela qual, lutando contra todos os movimentos do amor-próprio, visamos a obter aquele perfeito apagamento e aquela perfeita docilidade que abrirão, para tal atividade, um caminho no fundo de nós mesmos. O que nos pertence é o abalo que ela produz em nossa consciência quando a atravessa, é a emoção e a luz que ela lhe dá. Parece que nosso ser recebeu um toque divino que, por um instante, o transporta acima de si mesmo.

O ato perfeito é um ato ditado: e podemos ter a ilusão de que nos pertence, mesmo no instante em que se realiza. A memória é incapaz de guardar a posse dele. Caso se reproduza, sempre nos parecerá novo. Jamais se transmuta em imagem para a qual se olha, nem em faculdade da qual se dispõe: não tem nenhum caráter individual. É um dom que recebemos, e os seres mais diferentes de nós o recebem como nós. É próprio da consciência dar-lhe passagem, e é quando ela renunciou a tudo o que nela existe de separado que é mais capaz de acolhê-lo.

8. Passividade

Parece que, de todos os nossos estados, o estado de perfeita passividade é o mais fácil de obter: de fato, parece mais fácil passar por algo do que agir. No entanto, isso é uma aparência. Existe uma espécie de passividade, ou de silêncio da alma, que é também o ponto supremo da atividade, que consiste em tornar-se perfeitamente dócil e acolhedor diante dos movimentos espirituais, sem desacelerá-los ou freá-los pelas iniciativas do amor-próprio. É um estado de inocência bem distante daquela preocupação sem objeto que é nosso estado mais constante e nos torna a um só tempo incapazes de agir e impróprios para ouvir todos os chamados que nos são dirigidos. Existe na passividade um caráter divino: ela é a abertura interior pela qual um ser, atento a si mesmo, consente na inspiração que o solicita.

Quer se trate de conhecimento sensível, quer de conhecimento espiritual, sempre nos encontramos em última instância na presença de uma revelação na qual somos obrigados a consentir. Mas é esse consentimento o ato mais puro – a um só tempo o mais humilde e o mais pleno – que nos é dado realizar. O verdadeiro conhecimento é uma união com o ser total, isto é, um confluente da atividade perfeita e da passividade perfeita.

Toda atividade do espírito se exerce em prol da verdade: mas tão logo o espírito a vê torna-se passivo diante dela; sua iniciativa se funde numa bem-aventurada humildade. Não há alegria maior para ele do que acreditar que obtém a revelação de uma realidade que ele não criou: inclina-se diante dela como diante de um dom magnífico que lhe é feito. E adquire uma confiança em suas próprias forças que lhe dá uma espécie de inebriamento. Ao contrário, é quando ele mais desconfia de si mesmo que busca envaidecer-se, como de uma obra que lhe pertence, de uma ciência na qual já não acredita. Pois os homens só criam a verdade na medida em que se enganam: senão eles a descobrem.

A perfeição da atividade é obtida pelo desaparecimento do obstáculo contra o qual ela parecia inicialmente exercer-se: cessa então a oposição entre o movimento interior e o objeto ao qual ele se aplica, entre a inteligência e o conhecimento, entre olhar e ver, entre desejar e sentir, entre ser e ter. A passividade da qual falamos deixa transparecer, portanto, a essência de nossa atividade mais pura, que é igualmente contrária à ociosidade e ao esforço, e na qual a contradição desses dois estados se vê a um só tempo resolvida e ultrapassada: pois só o ato perfeito nos dá uma impressão de lazer supremo, ao passo que a ociosidade nos distrai e nos retém; só ele leva o esforço até seu termo, depois de haver percorrido de uma só vez todas as etapas que dele o separavam.

9. Virtudes da contemplação

Só é possível purificar-se de todas as máculas do amor-próprio pela contemplação. Todo sentimento, todo esforço, toda ação dependem ainda do amor-próprio, mas jamais do pensamento puro. Melhor que qualquer palavra dita, melhor que qualquer ação, uma presença silenciosa e contemplativa enobrece e espiritualiza tudo o que dela se aproxima.

Assim, jamais se deve ter em vista a ação senão como um fim secundário. Ela não apenas deve à contemplação sua luz e sua pureza, como não pode ter em si mesma outro fim que o de fornecer um novo objeto à contemplação: são também nossas ideias o que contemplamos nas obras de nossas mãos, e a contemplação perfeita não se distingue da criação do mundo.

Os contemplativos percebem claramente a necessidade da ação, visto que ela é o instrumento da contemplação: assim, ressaltam seu valor, em vez de aboli-lo. E pode-se até dizer que excelem na ação, pois estão muito próximos da fonte que a produz e ilumina: para eles, ela é apenas uma passagem que liga sem esforço duas etapas da contemplação. Os ativos, no entanto, nem sempre se dão conta de que a contemplação é necessária: parece-lhes que a ação se basta; não veem que é na contemplação que ela nasce e se conclui.

Em todos os tempos e em todos os países os homens compreenderam que existem seres que são feitos para uma vida que deve ser preenchida pela contemplação, e para isso foram fundados os mosteiros. Mas a contemplação não exige a separação, nem a submissão a regras particulares: adapta-se à vida material e social mais comum. Não muda nada nas aparências, embora as transfigure. E o próprio homem de ação dá provas do respeito que tem por ela, visto que o que ele busca por meio da ação, quase sem seu conhecimento, é também produzi-la.

Na hora da morte, o homem renuncia a toda ação; aspira tão somente à pura contemplação, que é tudo o que lhe resta. Mas é por meio dela que ele toma posse de si mesmo, de seu destino, que agora se conclui, e de sua vida inteira, que só parece esgotada porque produziu todo o seu fruto. A ação é o meio, mas a contemplação é a meta; ela é a ação que se consuma e se torna subitamente perfeita. Cria uma identificação entre nós e o objeto contemplado, não por uma efusão do sentimento, que ainda é uma união demasiado pessoal e da qual o indivíduo pretende extrair todo o proveito, mas por uma renúncia interior em que o eu perde o sentimento de sua separação e obtém a presença do ser puro.

7. AMOR-PRÓPRIO E SINCERIDADE

1. O centro do mundo e o centro de si mesmo

Ao dizer "eu", dou ao mundo um centro: pois o mundo não pode ter por centro um ponto material, mas apenas um pensamento que percebe, quer e sente. Só este último pode contemplar um horizonte à sua volta e abraçar-lhe a unidade.

No entanto, sabemos há muito tempo que o mundo é infinito e que seu centro está em toda parte. É preciso, portanto, que exista em toda parte outros seres que, também eles, digam "eu".

Não se pode pedir a eu algum que renuncie a esse privilégio que lhe permite estabelecer-se no centro do mundo: caso contrário ele não passaria de um objeto entre todos os outros. Mas, se o eu é o centro do mundo, ele próprio já não tem centro. Ora, por uma espécie de paradoxo, somente a ideia do Todo pode ser o centro do eu; só ela pode regular todos os seus movimentos, dar-lhes seu impulso e seu objetivo.

Como somos senhores de nossos movimentos, não há corpo do qual nosso corpo não possa distanciar-se; e, como somos senhores de nossa atenção, não há ideia com cujo contato nosso espírito não possa romper. No entanto, assim como no espaço material não podemos desprender-nos de nosso próprio corpo, assim também no espaço espiritual não podemos separar-nos de nosso próprio pensamento. Contudo, se é em vão que buscamos fugir de nós, mais em vão ainda buscaríamos fugir do Todo onde estamos inseridos a fim de permanecer a sós com nós mesmos. Isso porque encontramos em toda parte sua imutável presença; ele adere a nós mais fortemente que nosso próprio ser. Podemos imaginar que desaparecemos e que o Todo subsiste; mas não podemos imaginar que ele desapareça e que nós subsistamos.

O pensamento de si é estéril e extenuante, pois é o pensamento de nossos limites. Mas só podemos haurir seu alimento fora de si. É fora de si que cada ser descobre os elementos de sua própria substância; é ao participar daquilo que ele não é que ele se cria a si mesmo indefinidamente. Ao se retirar em si, ele se perde: só encontra seu ser separado; ao reduzir a si tudo o que existe, perde contato com o absoluto que o faz ser. Mas, ao sair de si, encontra-se; pois ultrapassa incessantemente seus limites. Ora, só o Todo pode bastar-lhe.

Assim se explica que o eu não possa obter nenhum bem verdadeiro como a felicidade, o amor ou o conhecimento senão saindo de si mesmo. Esses bens se dão a ele assim que já não procure captá-los – e poder-se-ia até dizer que é preciso que ele se dê a eles para ser capaz de possuí-los. É que cada um deles lhe abre um acesso ao Todo. Mas o eu não pode esperar alcançar o Todo dilatando sua extensão – que é sempre tão limitada –, estirando suas forças, sempre tão débeis. Só pode consegui-lo quando aceita renunciar a si: só então se descobre para ele a presença do Todo, do qual ele se recusa a se separar e que não para de preenchê-lo.

2. Sofrimentos do amor-próprio

O amor-próprio é inseparável de nossos limites: faz-nos sofrer por senti-los tão próximos e obriga-nos a nos contentar com satisfações medíocres capazes de caber no espaço apertado em que nos encerram. Extenua-se no exame interior, mas atando o olhar ao destino de nosso ser separado, e não ao princípio de verdade e de amor em que nossa vida se enraíza. Ao mesmo tempo, não para de nos comparar aos outros e não à mais alta ideia que podemos conceber de nós mesmos; e extrai dessa comparação as alegrias e as dores enfermiças que, ao ocupar-nos por inteiro, nos tornam igualmente miseráveis. Pode ter muita engenhosidade, sensibilidade e perspicácia. Mas transforma tudo isso numa suscetibilidade que nos dilacera, e não numa penetração que nos convida a compreender e a amar tudo.

O amor-próprio nos arranca do presente e nos faz sentir vergonha do passado, ou angústia pelo futuro. Ora, o pensamento do passado só nos entrega o irreparável, e o pensamento do futuro só o imaginário. Mas é natural que o amor-próprio se envolva no tempo e seja incapaz de parar no presente; pois o presente associa de tal maneira nosso próprio ser ao ser do Todo, que o eu, obrigado a responder a todas as solicitações que o pressionam, parece então perder sua existência separada; o passado e o futuro, ao contrário, entregam-no a si mesmo. Assim, o amor-próprio nos atrai para o que não existe: alimenta-nos de ilusões. É ele que nos faz oscilar incessantemente entre a nostalgia e o desejo; é o contrário do amor, que é um dom de si sempre atual.

Estar entregue sem defesas ao amor de si é estar exposto a constantes preocupações; a cada instante se recebem picadas dolorosas. Não se para de ser atormentado por fantasmas ou quimeras. Só se conquista a paz interior, a liberdade e a clareza do olhar opondo às solicitações do amor de si a dureza da indiferença. Mas pode-se dizer que existe uma indiferença que não passa de insensibilidade, da qual o amor-próprio deve livrar-nos, e um amor-próprio que não passa de suscetibilidade, do qual outra indiferença deve livrar-nos.

A perfeição da atividade não dá ao amor-próprio espaço para nascer; mas o amor-próprio ocupa todos os interstícios que a atividade lhe deixa assim que ela começa a declinar. Por isso ele se extenua, ora glorificando-se pelos sucessos que ela acaba de obter, ora queixando-se do vazio em que ela nos abandona e acusando o destino por isso. Quando o destino nos é favorável, não se sabe se o amor-próprio experimenta mais alegria em dizer-se seu artesão ou seu favorito. Quando nos é contrário, ele experimenta um amargo alívio em dizer-se seu mártir.

As decepções do amor-próprio ora o fortalecem, ora o apaziguam. Mas sempre é possível voltar o amor-próprio contra ele mesmo fazendo-lhe sentir que seu verdadeiro interesse lhe ordena que se esqueça. Pois aqueles que renunciaram aos prazeres do amor-próprio desconhecem também suas perturbações, que são mais numerosas e mais vivas: só com isso já ganham mais do que perdem. E deixam terreno livre para outros prazeres, que não se alteram com os acontecimentos e não dependem dos outros homens.

Se se tenta surpreender cada um dos movimentos do amor-próprio observando como ele nasce, como nos comove e nos machuca, como nos torna passivos e impotentes, o conhecimento das misérias que ele nos impõe permite superá-las, dá novo ânimo à nossa atividade, transporta-a para o universal e confere-lhe a confiança e a alegria que ele sempre nos retira.

3. Comparação com outrem

É sempre surpreendente a violência dos movimentos do amor-próprio, quando se compara a pequenez dos bens que os indivíduos disputam entre si à imensidão dos bens que eles possuem em comum, como o ser e a luz. No entanto, o amor-próprio é incapaz de sentir os bens que pertencem a todos; ao contrário, orgulha-se dos bens mais miseráveis, contanto que os outros sejam deles destituídos. É preciso que o que ele possui se eleve acima do outro: ou seja, ele se regozija menos com o que tem do que com o que os outros não têm; desprende-se dos maiores bens assim que os vê compartilhados. Não é capaz de experimentar a fruição senão quando persegue alguma vantagem exclusiva para si; e, se, no âmbito em que se estabeleceu, superou seus rivais, isso lhe basta. Esse âmbito pode ser bastante estreito: assim, o amor-próprio mostra a suscetibilidade mais viva na posse de certos bens que só provocam, na maioria dos homens, indiferença e desprezo. E é essa cegueira singular dos diferentes amores-próprios uns para com os outros que mantém entre eles certa harmonia. Mas é ainda o amor-próprio o que nos torna sensíveis ao ridículo do amor-próprio no outro.

Somos quase sempre indulgentes para com os vícios cuja presença aparente ou oculta não se percebe em nós. Por vezes se enaltecem sutilmente todos os vícios cuja picada é sentida, e se rebaixam, para contrabalançar, as virtudes das quais somos destituídos. Mas nem sempre é verdadeiro, como se acredita, que o amor-próprio denigre o vício apenas por malícia e para dissimular sua presença. Ele pode pensar que se livra do perigo de certos vícios que o ameaçam ao condená-los enfaticamente quando os surpreende no outro. É um meio de nos defendermos deles e, por assim dizer, de repeli-los para fora de nós. Pois a boa opinião alheia não basta ao amor-próprio: ele quer também uma boa opinião de si mesmo e, como um vício enterrado em nossas profundezas parece descoberto no outro em toda a sua feiura, por vezes o rechaçamos com todas as nossas forças, menos para enganar do que para proteger-nos dele, assim que sentimos a vergonha com a qual ele pode nos cobrir.

As perturbações do amor-próprio nascem por vezes da consciência de uma injustiça que nos é feita quando contemplamos o sucesso alheio. É que a ação alheia, quando a olhamos de fora, nos parece sempre insuficiente e imperfeita. Somos sempre severos para com o vizinho, estamos sempre prontos para tirar-lhe a ferramenta das mãos. Ao mesmo tempo, somos tão inconsequentes, que também nos queixamos de realizar, sem sua ajuda, uma tarefa que não gostaríamos de lhe entregar.

Enfim, se somos mais gratos aos outros pelo bem que nos permitiram fazer-lhes do que pelo bem que eles nos fazem, é porque o primeiro fortalece nosso amor-próprio, ao passo que o segundo nos humilha.

4. Virtudes do amor-próprio

O amor-próprio é tão engenhoso que, para se vingar dos sofrimentos que se inflige a si mesmo, acabou por fazer com que se admitisse ser um vício não tê-los. Mas isso não deixa de ter fundamento. De fato, onde falta amor-próprio, só se encontra um sentimento medíocre de si e pouca delicadeza.

É quando o amor-próprio é mais forte que ele experimenta mais alegria em se perder, como se, perdendo-se, ele se ampliasse indefinidamente. O amor é o ponto em que o amor-próprio se entrega, essa mesma extremidade na qual ele se encontra pleno. Assim se explica o aparente paradoxo: quem sente mais intensamente a miséria e as feridas do amor-próprio é mais capaz de renunciar a ele e sacrificá-lo.

De fato, os que melhor sabem amar são também os que têm a consciência mais aguda de seu ser separado. A palavra *amor* é bela demais para que se pense que nada de bom pode nascer do amor de si. O remédio para todos os males que ele engendra só pode ser empurrá-lo até seu ponto derradeiro: quando ele se transporta para além de tudo o que jamais poderá possuir, despoja-se de sua forma individual e, por conseguinte, de si mesmo; transmuta-se então em amor de Deus. Nosso próprio esforço por sermos perfeitos provém apenas de um amor-próprio mais profundo e mais exigente que o esforço por parecê-lo.

O amor-próprio nasce com a consciência de si. Tal como a consciência, pressupõe uma dualidade; distingue, num mesmo ser, quem ama e quem é amado. No entanto, assim como a consciência, utilizando uma luz que vem de mais alto, não deve iluminar apenas o eu, mas todo o universo, assim também o amor me ultrapassa, e, embora ele se aplique primeiro a mim, só recebe sua destinação e seu sentido quando se aplica a tudo o que existe. Uns, porém, agem sempre por amor-próprio, até no bem que fazem aos outros, e conformam-se à lei do indivíduo. Outros agem por amor até no bem que parecem fazer a si mesmos, e conformam-se à lei de Deus. Por fim, há os que confundem tão bem amor-próprio e amor, que, neles, ambos os sentimentos se prestam sempre a um apoio mútuo: estes se conformam à lei de nossa natureza.

Assim, a maioria dos homens experimenta alegria em servir, e a medida de sua ambição é a extensão do serviço ao qual se creem convocados; assim, seu amor-próprio se vê associado, apesar deles, a fins que os ultrapassam. A realidade do serviço prestado deve tornar-nos indulgentes em relação ao benefício que o amor-próprio extrai dele, e devemos admirar a sabedoria dos meios de que a natureza dispõe nas próprias obras em que o egoísmo parece mais envolvido. Cumpre que todo homem sirva: que não se discutam, portanto, os serviços de todos aqueles que servem a um só tempo por amor-próprio e por amor.

5. A sinceridade

A sinceridade mais perfeita se encontra a um só tempo nas almas mais humildes e nas maiores, o que prova o parentesco entre a humildade e a grandeza. É o amor-próprio que destrói a sinceridade; mas a humildade não permite que o amor-próprio nasça, e a grandeza o abole.

Quer a verdade nos humilhe, quer nos exalte, só devemos falar de nós, e até pensar em nós, com muita reserva e delicadeza. Caso contrário a verdade é um despudor ou uma complacência do amor-próprio. A sinceridade interior é sutil e plena de perigos. Falha-se com ela, como no caso de certos escrupulosos, ao se conferir demasiado relevo a certos pensamentos secretos que ainda não são tentações e aos quais o espírito ainda não deu o mínimo consentimento. Sem dúvida eles traçam em nós um leve sulco, suficiente para que não possamos renegá-los de todo; no entanto, não são atos que nos envolvam, nem propriamente desejos que nos seduzam; são possibilidades que apenas vislumbramos, chamados aos quais ainda não respondemos. Mas já ao considerá-los de muito perto, ao fazê-los subir até os lábios para confessá-los, confere-se a eles uma consistência que não tinham naquele fundo turvo e misturado onde todas as potências da natureza humana começam a se formar e ainda lutam pela existência. Não convém que uma sinceridade exigente demais os ilumine com uma luz viva demais e, descobrindo-os, os faça penetrar em nós de surpresa, antes até que nos tenham pertencido.

Não somos responsáveis por todos os pensamentos próprios, e os piores são por vezes um sinal de riqueza: mas somos responsáveis por comprazer-nos neles, por preferi-los a outros e conferir-lhes, pelo simples movimento da atenção, um início de realidade.

As almas mais sensíveis e delicadas alcançam mais facilmente a sinceridade para consigo mesmas que a sinceridade para com o outro, pois temem a crueldade das palavras e até a do olhar. E, no entanto, essa sinceridade para com o outro é a imagem e o prolongamento da outra; só ela deve ser plena de discrição e de amor; é uma doação que não podemos recusar ao outro sem demonstrar-lhe indiferença ou desprezo. Não é apenas uma simplicidade desprovida de qualquer interesse: indica a confiança que depositamos em outro ser e a estima que lhe temos.

Ela só nos satisfaz plenamente se não guarda nenhuma reserva. Mas é provável que não exista inteligência suficientemente clara e segura de si para esperar consegui-lo, pois isso requer todas as forças do amor e da profundidade de uma comunhão entre dois seres que ultrapasse a um só tempo o poder da inteligência e o do querer.

6. Nudez do espírito

Essa sinceridade aguda pela qual o eu se dota de uma transparência perfeita, e que é um despojamento da carne e um olhar luminoso de Deus em nós mesmos, não é um prelúdio da vida interior: já é sua realização. A sinceridade tem muitos inimigos: a pressa, o receio, a vaidade, o hábito, as solicitações exteriores, o gosto da elegância ou da virtude. Mas é próprio do espírito colocar-nos na presença de Deus, reduzir-nos a um ato de sinceridade pura. Por isso, a vida do espírito é uma perpétua iniciação e uma perpétua purificação: pois é o ato pelo qual o espírito aprende a encontrar-se a si mesmo, a adquirir aquela perfeita pureza que o torna sensível apenas à luz.

A matéria é como uma vestimenta sob a qual é preciso sentir a presença do espírito como a de um corpo nu. Mas a vestimenta revela o corpo e o dissimula simultaneamente; tem mais ou menos graça e maleabilidade; presta-se a inúmeros artifícios. Em alguns, pode chegar a fazer esquecer o corpo, a ser preferida ao corpo e até a fazer as vezes de corpo. Só os que têm olhar claro e mãos puras podem penetrar até o corpo.

A maioria dos homens deleita-se em se envolver em véus; no entanto, os véus mais simples ou os mais brilhantes podem até nos seduzir, mas só nos comovem porque deixam transparecer o corpo. Cada um de nós se veste com uma roupa de preconceitos e amor-próprio, uma roupa que dissimula nosso ser verdadeiro e da qual jamais nos conseguimos despojar por completo. E até receamos, sempre, abandoná-la, pois é feita por mãos humanas; protege-nos; cria nossa aparência e nosso prestígio; embaixo dela, quando o corpo é encontrado, tememos essa realidade tão sóbria, tão doce e tão móvel, tão alheia a qualquer ornamento, que já não podemos abolir e cuja visão não suportamos; nós a recobrimos quase de imediato com um tecido ora rico, ora pobre, e sempre emprestado. Assim como, no corpo, se deixam descobertas apenas as partes pelas quais a vida do espírito se torna visível para os outros homens – as mãos e o rosto –, assim também é preciso manter secretas todas as partes da vida interior que traem a presença do indivíduo e do corpo.

Compreende-se por que todo conhecimento parece tão cruel. Basta que eu olhe outro homem com excesso de penetração, sem que exista em mim o menor movimento de amor-próprio ou de raiva, para que ele se sinta magoado, ferido no âmago de si mesmo. Ele só consente em revelar o que ele é através de um véu e não quer acolher em sua carne o brilho vivo da luz sem que este seja atenuado por uma penumbra.

Mas esse olhar que o desnuda não deve parar na forma individual de seu ser, que o torna sempre vergonhoso e miserável. É preciso que, ao descobrirmos o segredo alheio, entreguemos também o nosso. É preciso, sobretudo, que nosso olhar manifeste um chamado de simpatia tal, que dê àquele a quem se dirige coragem suficiente para ver-se, ardor suficiente para buscar superar-se, confiança suficiente para querer penetrar conosco num mundo simples e verdadeiro onde já ninguém tenha véus.

7. Vida interior e vida aparente

A vida espiritual começa a partir do momento em que descobrimos que toda a realidade de nossos atos reside nos pensamentos que os produzem. Então as aparências deixam de nos contentar: por mais que as modifiquemos, nada mudamos nas coisas em si; nenhum esforço, nenhum sacrifício pode impedir que elas sejam o que são. Vivemos diante de uma testemunha para a qual nada está oculto e que é muito mais perspicaz que nós mesmos: o olhar de Deus. Só ele atravessa todas as aparências e descobre nosso ser verdadeiro.

A mentira só é possível porque os seres podem mostrar aos outros apenas uma aparência de si mesmos. Seria preciso que fôssemos capazes de nos mostrar ao olhar de outro homem tal como somos ao olhar de Deus; e é próprio da simplicidade perfeita abolir toda distinção entre o ser e a aparência: mas só os mais puros chegam a isso. Enganamos os outros modificando apenas nossa aparência, a única coisa em nós que eles podem conhecer e que está mais diretamente em nosso poder que nós mesmos; e consideramos que seu olhar nunca será suficientemente atento, nem suficientemente penetrante, nem talvez suficientemente amoroso para ultrapassá-la.

No entanto, enganamo-nos a nós mesmos assim como enganamos aos outros, porque formamos conosco uma espécie de sociedade e nos exibimos também para nós: só que o erro aqui é muito mais grave, pois a realidade acaba por nos fazer falta quando só temos olhos para o espetáculo. Contudo, assim como jamais enganamos completamente os outros, assim também jamais nos enganamos completamente a nós mesmos. Apenas aceitamos permanecer no terreno da aparência e concordar com que ela nos basta. A lucidez de nossos julgamentos sobre os homens mais admirados, assim que nos aproximamos deles, prova que é muito difícil nos deixarmos enganar. E o esforço que nós mesmos fazemos por desempenhar nosso papel prova que se trata de um papel que desempenhamos.

Não deveríamos poder distinguir entre nossa conduta privada e nossa conduta pública. Esta só tem valor se expressa aquela, se é sua imagem ou seu fruto. No entanto, a maioria dos homens aplica sua vontade à sua conduta pública: eles se extenuam criando um rosto de empréstimo e acreditam, assim, elevar-se acima de si mesmos. Em sua conduta privada, soltam-se e entregam-se; e então se veem covardes e miseráveis. No entanto, há homens muito puros que são eles mesmos tão somente na solidão; a vida pública os melindra, desperta seu amor-próprio, magoa-os ou esmaga-os, e faz com que pareçam inferiores a todos os outros cujos meios de ação e cujo sucesso eles desprezam, sem contudo ser capazes de igualá-los. Só os mais fortes não fazem diferença entre sua conduta privada e sua conduta pública.

8. Visão de si e de Deus

Só o conhecimento pode dar-nos uma verdadeira posse de nós mesmos. É o único bem que nos pertence; e, quando agimos, é sempre para adquirir um conhecimento que não tínhamos. Estamos mortos para tudo o que ignoramos: quando pensamos descobrir nosso eu oculto, é um eu que nós chamamos à existência. E quem tenta escapar ao conhecimento tenta escapar ao ser, como se não tivesse coragem de nele se estabelecer, nem de sustentar sua luz; aspira a ser apenas uma coisa, isto é, a só ter existência para o outro, que o conhece.

É o conhecimento que descobre nossos males interiores; é ele que nos permite curá-los. Para conhecer-se, porém, é preciso ser destituído de amor-próprio e de honra, como o doente diante do médico: e sempre tememos que o médico não descubra todo o mal que existe em nós. É acreditando que nada existe em nossa vida que possa permanecer oculto, isto é, acreditando que Deus vê tudo o que existe em nós, que nós mesmos o vemos. É próprio da sinceridade colocar-nos na presença de Deus. De acordo com Malebranche, "Deus é o perscrutador dos corações", a luz da qual nada pode escapar. Posso dissimular o que faço ou o que sou do outro ou de mim mesmo, mas não de Deus, isto é, não posso impedir meus pensamentos e minhas ações de ser o que são.

Assim, o "conhece-te a ti mesmo" não é apenas a ciência de ti mesmo; é também a ciência da verdade ou de Deus. Amiel cita esta frase de Angelus Silesius: "O olho pelo qual vejo Deus é o mesmo olho pelo qual ele me vê".[1] E acrescenta que cada um entra em Deus tanto quanto Deus entra nele, querendo dizer provavelmente que é na luz de Deus e não em minha própria luz que vejo, ao mesmo tempo, a Deus e a mim: é que não podemos ver-nos sem ver a Deus, assim como não podemos ver objeto algum sem ver a luz em que ele se banha e que o ilumina.

Assim, a consciência de si é a consciência que Deus tem de nós; mas essa consciência está em Deus como luz, e em nós como iluminação. Ou, para usar de outra linguagem, existe em nós um espectador de nós mesmos que é Deus: ele é o mesmo em nós e em todos; contempla tudo o que existe; é a ele que devemos unir-nos para nos conhecer. Porque o eu é semelhante a um corpo opaco envolto pela luz, mas que freia a luz e a esconde, em vez de deixá-la passar e difundi-la. Mas Deus é semelhante à luz na qual todos os olhares penetram e se reúnem.

---

[1] Henri-Frédéric Amiel, *Diário Íntimo*. Trad. Mário Ferreira dos Santos. São Paulo, É Realizações, 2013, p. 57. (N. E.)

8. Solidão e comunhão

1. Amor-próprio e solidão

Nem todos os homens são capazes de fazer bom uso da solidão. Por vezes ela ainda agudiza um amor-próprio que a sociedade decepcionou. Alguns, cansados de uma celebridade que agora lhes repugna e que se constituía tão somente de uma admiração ou de um desprezo igualmente injustos, se refugiam numa solidão selvagem, buscando uma tranquilidade que foge deles, perseguidos no retiro mais longínquo por todos os tormentos da opinião.

Para preservar a acuidade da inteligência, o lazer da atividade, a inocência da felicidade, mais valeria a obscuridade com alguns amigos.

Mas sucede que o amor-próprio espere tirar um proveito mais consistente da solidão. Isso porque, em meio aos homens, ele nos levava a buscar vantagens ilusórias que nos eram contestadas, ao passo que, na solidão, pensa que todas as riquezas do mundo interior lhe serão reveladas como uma espécie de segredo. No entanto, tais bens espirituais e invisíveis, que crescem ao ser compartilhados, não podem servir de pasto ao amor-próprio: ele os afugenta tão logo quer deitar a mão neles.

Sempre buscamos na solidão a presença de Deus; mas se quisermos captá-la, em vez de esquecer-nos nela, ela se retira. Ao mínimo esforço que fazemos para dela nos apropriar, ela nos escapa e sua própria luz se obscurece. O verdadeiro progresso interior que se realiza na solidão não se reconhece pela alegria que uma contemplação separada pode dar-nos, mas por esse despojamento do amor-próprio e por essa resplandecência espiritual que nos permitem, quando retornamos para o meio dos homens, aniquilar entre eles e nós a rivalidade dos interesses e sentir apenas a comunidade dos destinos.

O amor-próprio torna igualmente difícil para o homem viver na solidão e sair dela depois de a haver experimentado. Se lhe é tão difícil viver na solidão, é porque a vaidade o atrai para fora e o dispersa em meio a todos os objetos que o cercam. E, se lhe é tão difícil sair da solidão, é porque ele reduz tudo a si mesmo e experimenta diante de si um sentimento de orgulho do qual só consegue desfrutar bem sozinho.

No entanto, se pode haver uma solidão que nos aprisiona no amor-próprio, existe outra que dele nos livra. Nela já se forma uma sociedade invisível que nos acompanha no interior da sociedade visível e a transfigura. O amor-próprio carrega consigo, até na sociedade, uma solidão que é miserável: mas o amor vai buscar na solidão a fonte e, já, a presença de uma comunhão com todos os seres.

2. Claustros

A fundação dos claustros expressa menos a necessidade de erguer uma barreira entre o mundo espiritual e o mundo material do que a necessidade de opor, a uma vida que nos é proposta por Deus, plena de dificuldades e provações que não escolhemos, uma vida que nos parece mais simples e mais perfeita, a qual obedece, entretanto, a regras que nós mesmos nos demos.

Não se deve aprovar, na fundação dos claustros, a vontade de separação entre o temporal e o espiritual, nem o desejo de se esquivar das exigências da existência mais comum, nem a tentação de impor-se a si mesmo novas exigências que parecem mais duras ou mais oportunas. Os claustros pretendem realizar, na Terra, uma imagem visível da vida espiritual. Mas deve-se preferir à solidão dos claustros todos os encontros que Deus põe em nosso caminho numa sociedade mais aberta, onde todas as existências estão mescladas. Cada um aí realiza sua vocação interior por vias mais profundas e mais verdadeiras.

A solidão do claustro é um símbolo imperfeito da solidão da alma; e os que não encontraram esta última no mundo não a encontrarão no claustro. Aqueles que se deixam distrair pelo mundo encontram, na solidão, a imaginação que os distrai mais ainda. E, quando não têm saudade do que perderam, entregam-se ao tormento de não encontrar o que foram buscar. Os únicos que podem beneficiar-se, no claustro, são os que não precisavam do claustro.

A vida monástica é cheia de grandeza e volúpia, mas de uma grandeza e de uma volúpia que podem ser as do amor-próprio. E é provavelmente contra o amor-próprio que se travam, no claustro, as lutas mais dolorosas. De fato, nada é mais difícil, na solidão, do que discernir a voz de Deus da voz do indivíduo. E por vezes aquele que acredita entrar no claustro apenas para renunciar ao amor-próprio busca no claustro apenas as alegrias mais violentas e mais sutis do amor-próprio. Foge para escapar do peso da miséria visível; mas impõe-se a si mesmo uma miséria da imaginação; e o amargor que sente não é mais que o remorso de sua evasão.

É um ato desumano retirar-se da sociedade para desfrutar na solidão, exclusivamente pela meditação, de si mesmo e de Deus. A solidão espiritual não exclui a sociedade: chama-a; constitui, de certa maneira, sua forma ideal: é a ideia de uma sociedade perfeita e que precisa ser levada para o meio dos homens para que todos os homens possam adentrá-la.

3. A solidão nos julga

O gosto da solidão nem sempre é a marca de um gosto da vida espiritual: com frequência ele traduz uma feroz suscetibilidade do amor-próprio, a satisfação que se experimenta em ficar só, em já não se deixar desviar de si, em se entregar a lembranças e sonhos com complacência ou amargura. Nos casos mais favoráveis, essa separação que consiste em se manter longe dos homens e abster-se de seu contato por receio de que nos distraiam ou nos conspurquem é apenas um momento da virtude. Ele é necessário, para que possamos purificar-nos e recolher-nos na presença de Deus: mas não podemos fazer dele um estado sem que nosso amor-próprio aí busque seu triunfo, e nossa preguiça sua delícia.

Ninguém jamais fará algo de grande no mundo se primeiro não for capaz de fechar-se em si mesmo, de encerrar-se numa solidão perfeita como num casco duro no qual descubra a semente de seu próprio crescimento, o segredo de sua força e de seu destino. É preciso reunir, testar e levar à maturidade todas as potências ocultas do próprio ser antes de mostrá-las à luz do dia. Uma vez reduzido a si mesmo e privado de qualquer apoio exterior, o homem é obrigado a invocar todas as suas potências espirituais para não perecer de desespero.

A solidão, assim – sobretudo se ele for capaz de mantê-la em meio aos outros homens –, só pode aumentar. Na sociedade, basta-lhe deixar-se levar para ter a ilusão de agir; e por vezes a falsa grandeza lhe dá mais contentamento que a verdadeira. Mas a solidão, ao livrá-lo de todas as solicitações exteriores, leva-o de volta ao centro dele próprio e nele faz nascer mil forças desconhecidas e miraculosas que transformam para ele a figura do mundo e o colocam em pé de igualdade com seu destino.

O valor de um homem se mede pela potência de solidão que nele subsiste, mesmo em meio à sociedade, e pelo ardor interior que a alimenta. Toda a nossa força e toda a nossa alegria nascem da solidão, e também toda a nossa riqueza, visto que não nos pertence senão o que continua a nos pertencer quando estamos sós.

É a solidão que nos julga: alguns a consideram um abismo; outros, um refúgio. Para uns ela é um estado profundo e bem-aventurado que eles nem sempre conseguem obter; para outros, um estado doloroso e trágico que eles jamais conseguem superar.

4. Ser o mesmo na sociedade e na solidão

Não se deve buscar um viés entre a solidão e a sociedade; é preciso saber reuni-las levando cada uma até seu último ponto, por assim dizer: a perfeição da solidão e a perfeição da sociedade se confundem. Mas para isso é preciso ser o mesmo na solidão e na sociedade, mostrar em sociedade apenas sua essência solitária e fazer da solidão uma sociedade espiritual com todos os seres. No entanto, os homens, em sua maioria, são igualmente incapazes de viver em sociedade e de viver em solidão. De fato, eles precisam da sociedade, mas para nela nutrir seu amor-próprio; e só carregam para a solidão as lembranças dos favores e das feridas que devem à sociedade. Assim, são incessantemente repelidos de uma à outra e não conseguem suportar uma nem outra.

No entanto, quem busca romper sua solidão porque já não a tolera logo percebe que não é capaz disso. Com efeito, quem desejaria a companhia de um homem que só busca os outros por ser uma carga para si mesmo? De fato, quantos homens não são, antes de tudo, carrascos de si mesmos! E como alguém que faz sua própria infelicidade poderia fazer a felicidade alheia? É só quando sabemos desfrutar da solidão que os outros podem desfrutar da nossa companhia.

A sociedade que formamos com os outros homens é apenas uma ampliação da sociedade que formamos com nós mesmos. Estamos perpetuamente em guerra ou em paz com eles assim como o estamos conosco. Um homem se sente próximo dos outros homens quando está próximo de si mesmo, e longe dos outros homens quando está longe de si mesmo. O ocioso não tem contato consigo mesmo: entedia-se quando está só; mas não tem contato com o outro, que permanece um estranho, para o qual ele olha com uma indiferença mesclada de um pouco de preocupação. Ao contrário, quando nossa atividade se exerce com confiança e alegria, preenche toda a capacidade de nosso espírito: então já não podemos separar-nos de nós mesmos, embora já não façamos esforço por recolher-nos, e nos dispomos por inteiro ao acontecimento ou ao próximo, embora já não façamos esforço para ir na direção deles.

Assim, é o mesmo princípio o que anima nossa vida solitária e nossa vida no meio dos homens. Estabelece-se entre eles e nós uma espécie de relação que temos com nós mesmos. Nossa consciência é uma espécie de sociedade invisível que cultiva, entre nossos pensamentos, o mesmo diálogo secreto que ela não para de tentar estabelecer, na sociedade exterior e visível, com os outros homens.

E mais: a relação entre a solidão e a sociedade é tão estreita, que não podemos, ao que parece, dar-lhe todo o seu sentido senão quando permanecemos solitários na sociedade e, no entanto, formamos com nós mesmos uma constante sociedade espiritual. Por isso, talvez não seja necessário separar com tanto rigor, como por vezes se propõe, os períodos de isolamento e os períodos de vida comum. Pois quem não se deixa distrair da solidão, mesmo no centro da multidão, mesmo na presença de seu melhor amigo, quem sempre guarda a posse de si mesmo e a lucidez do olhar interior habita perto de uma fonte viva na qual todos os seus atos e todos os seus pensamentos se alimentam; e só percebe à sua volta os chamados que o pressionam para fazê-la jorrar e espargir-se.

5. *Separação*

Por vezes constatamos, na comunicação que buscamos ter com os outros seres, um momento em que, de repente, ela se nega, ou por nossa causa, ou por causa deles ou da natureza. Então, para não convertê-la em raiva ou em guerra, é preciso saber interrompê-la e reservá-la. Jamais se deve pedir a um ser o que ele não seja capaz de dar, nem lhe oferecer o que ele não seja capaz de receber. Caso contrário se provoca sua repulsão.

Todos os homens devem ser mediadores uns para os outros. Jamais devemos recusar-nos a ser para o outro aquele mediador que ele espera, que o revela a si mesmo, que o eleva incessantemente acima de seu estado atual e multiplica dentro dele os motivos de confiança e alegria.

Nada é mais delicado, porém, do que obter entre dois espíritos uma comunicação real; se ela se revela impossível, não devemos forçá-la. Pode ser uma forma de cortesia e de caridade saber abster-se. Não se deve buscar o contato a qualquer custo, pois o esforço que se faz para criá-lo quando ele se nega, a perda da inocência na oferta que se faz de si, um pensamento subjacente e uma espécie de preocupação com o sucesso nos gestos feitos e nas palavras proferidas bastam para corromper todo o empreendimento.

Quando se produz uma comunicação entre duas consciências, isso é sempre para elas uma surpresa e um maravilhamento; mas é a posse de um bem que só foi alcançado porque não foi desejado. Pois é ainda o amor-próprio que o quer; ora, é preciso justamente que o amor-próprio renuncie a si mesmo e pare por completo de agir para que essa comunicação seja possível: ele só pode almejá-la, mas não produzi-la nem desfrutar dela.

Nenhuma comunicação deve ser tentada quando sentimos de antemão que será rejeitada. Nasce então uma timidez que não é efeito apenas do amor-próprio, mas do respeito que temos pelos sentimentos que estávamos prestes a revelar e que são seres frágeis, que não desejamos expor ao atrito e ao desprezo. Buscamos evitar-lhes um mau acolhimento e não queremos em absoluto que se rejeitem esses hóspedes enviados por Deus que tornam a presença dele sensível entre nós. Ao expordes um tesouro tão precioso diante de olhos indiferentes ou hostis, violais um segredo, corrompeis coisas santas. Quem agora o vê a descoberto, e que não soube reconhecê-lo, estava mais próximo de vê-lo quando não o via. É preciso no máximo permitir que seja pressentido, para atrair sobre ele a atenção e o desejo, e, para revelá-lo, saber esperar o momento em que a consciência esteja em condições de acolhê-lo e de ser tocada por ele. A solidão mais dolorosa é a que se segue a uma comunicação fracassada.

6. Testemunhas

A relação loquaz ou silenciosa com uma testemunha indiscreta ou indiferente sobrecarrega, subjuga, prolonga sem fim cada minuto de nossa vida e nos dá o desejo mais agudo de solidão. É melhor estar ao lado de alguém que não tem pensamentos do que de alguém que tem pensamentos muito diferentes dos nossos. Isso porque todo espírito, assim que cessa de se afinar com outro espírito, é perturbado em seu movimento e, para preservá-lo, recorre ao socorro da obstinação e do amor-próprio. Ao contrário, a presença de um espectador sem pensamentos pode proporcionar-lhe uma espécie de apoio silencioso, assim como a imobilidade daquilo que nos cerca apoia e estimula nossos movimentos.

Quando nossa vida está mesclada demais à vida alheia, é raro que nosso pensamento desfrute de uma liberdade perfeita: até a estima, o respeito, a simpatia não deixam de ser correntes para ela. É necessário um entendimento muito sutil e muito delicado com outro ser para que sua presença seja, para nosso pensamento, um aguilhão e não um impedimento. E por vezes tomamos a emulação do amor-próprio por uma comunhão mútua na mesma verdade.

No entanto, cada um faz os encontros a que tem direito. Há os bem-aventurados, que nos tornam mais lúcidos do que quando estamos sós. A simples presença de certos seres privilegiados nos obriga, por assim dizer, a colocar-nos sob o olhar de Deus. De fato, a consciência não se realiza em sua forma mais aguda e mais comovente diante do espetáculo da natureza, nem mesmo diante do mais puro espetáculo dela própria, e sim naquele diálogo angustiante que ela sustenta com outra consciência na qual descobre, de súbito, uma iniciativa que a enche de temor e de esperança, um chamado que lhe é dirigido, uma resposta que lhe é feita, um dom que ela pode receber, um dom que ela pode oferecer.

Mas, se outra consciência permanece diante da nossa como pura testemunha, ela suspende quase sempre todos os nossos movimentos: pois reconhecer nossa presença é amar, desejar e sofrer conosco. No entanto, até no amor, que é a forma mais perfeita de comunicação entre dois seres finitos, cada um deve manter o sentimento delicado de sua própria individualidade e do contraste que o opõe ao outro, a fim de que o amor não pare de propiciar a passagem e de preencher o intervalo.

O pudor e a simpatia nos proíbem de mostrar excesso de penetração, seja na observação dos corpos, seja na dos sentimentos.

Toda penetração é uma ferida. Por isso se veem certos homens sensíveis demais que não ousam levantar os olhos para o outro, porque têm timidez e certa bondade receosa. Sabem que o olhar é sempre agudo e cruel: mas esquecem que sua penetração, quando vai suficientemente longe, também cuida das feridas que faz. É preciso primeiro que ela atinja o indivíduo até sua raiz: então ela dilacera a própria carne do amor-próprio. Mas ela vai além do indivíduo; pois existe no olhar toda a generosidade, toda a doçura da luz. Ele se torna então uma presença ativa e benfazeja que só reconhece a separação entre os seres a fim de produzir entre eles uma comunhão plena de amor.

7. Reserva e entrega

A comunicação com o outro é ainda mais perfeita quando faz cessar toda reserva, toda veleidade de se mostrar diferente do que se é, de alterar, mesmo insensivelmente, os traços do rosto e do humor. E o próprio indício da comunicação realizada é o sentimento exato de sinceridade, de rigoroso despojamento e de absoluta nudez que faz com que seja justamente ao se estar só que se acredite estar coberto com uma roupa, que cai tão logo o outro aparece.

Mas tal comunicação, quando se esquiva, não pode ser solicitada nem forçada, pois então o amor-próprio tomaria seu lugar. Ela sempre pressupõe uma perfeita entrega, e, para que a entrega se produza, é preciso que o apego do indivíduo a si mesmo seja abolido. Não se deve dizer, no entanto, que a entrega seja a regra: é a discrição que é a regra. Ela pressupõe um respeito infinito pela intimidade de cada ser, e é ela quem confere seu valor à entrega.

Cumpre não se oferecer àqueles que se recusam, ou ir além do que eles podem acolher: deve-se apenas propor o dom, e não se humilhar para que seja recebido. A comunicação entre dois seres é uma graça que lhes é feita, e Deus, sem os prevenir, descobre-se diante deles ao iluminar o encontro, ao realizá-lo e ao conferir--lhe, contudo, um sentido que o aniquila e ultrapassa. Por isso, quaisquer que sejam as preocupações particulares que os retêm, essa graça não deve ser rejeitada; não deve ser antecipada nem provocada, nem procurada com demasiado ardor. Exige um estado de puro consentimento, uma passividade confiante e uma espera bem-aventurada.

Uma comunicação real que se estabeleceu uma vez entre dois seres não pode ser retomada: pois ela os fez tocar a eternidade, que é um ponto do qual não se retorna. Por vezes se acredita que ela pode ser esquecida, mas é porque não havia sido alcançada. Seus testemunhos podem ser suspensos, e sucede que as tarefas cotidianas a tornem invisível; mas nesse caso ela apenas tem um força mais secreta. Reaparece à luz do dia assim que uma ocasião nova lhe permita exercer-se. Faz-nos retornar a cada vez a um princípio que encerra em si efeitos infinitos.

Não existe comunicação entre dois seres que não implique desde o primeiro momento uma reciprocidade absoluta. De fato, só buscamos a união com quem já nos acolhe, e só podemos acolher quem já se tornou algo uno conosco. A beleza da comunhão entre dois seres vem de que cada um deles entra em si e sai de si ao mesmo tempo; descobre em si uma riqueza inesgotável que, pela mediação de um ser único, se torna para ele comum a todos os seres e aumenta sem cessar ao ser compartilhada.

8. Comunhão entre os homens

Leibniz considerava que os espíritos são impermeáveis uns aos outros: mas essa é a lei dos corpos. Os corpos se afastam uns dos outros por sua própria natureza de corpos. Os espíritos se aproximam e se encontram por sua própria natureza de espíritos, e na medida em que são espíritos mais puros. Cada um deles adquire então mais movimento e mais riqueza. Chega até a ser mais presente a si mesmo ao comunicar-se mais com outro espírito, pois então se distancia do corpo, que o leva para fora, e se volta para o foco comum que lhe dá, assim como a todos os outros espíritos, a intimidade e a luz. O espírito penetra a um só tempo os espíritos e os corpos: é a transparência perfeita, a luz sem sombra e o próprio olhar de Deus, presente a tudo o que existe.

Ubi sunt duo vel tres congregati in nomine meo, ibi sum in medio eorum, diz o Evangelho, pois a solidão pode nos atar estreitamente demais a nós mesmos. E, quando contamos com ela para obter a vida espiritual, não raro ela só nos proporciona devaneios individuais em que o desejo não para de se comprazer. No entanto, é a mesma luz que ilumina todos os homens; ela não pertence com exclusividade a nenhum deles; e o encontro com outro homem nos dá por vezes uma espécie de abertura miraculosa para o mundo. A aquiescência de duas consciências uma à outra num consentimento duplo à mesma verdade abole a separação entre elas. Qualquer outro entendimento entre dois seres é apenas aparente: só pode ser uma satisfação e uma cumplicidade do amor-próprio. Isola os indivíduos, quando parece uni-los. As relações com outro ser não têm encanto nem força, não passam de um jogo que nos cansa rapidamente, se não nos permitem estar mais presentes a nós mesmos, exercer nossa atividade interior de maneira mais livre e mais perfeita quando estamos com ele do que quando estamos sós. Devem tornar-nos capazes de superar todas as inquietações do pudor individual na graça da pura entrega.

É que os seres separados não podem comunicar-se diretamente, mas apenas pelo conhecimento e pelo amor de um objeto que lhes seja comum. Uma sociedade só se forma entre eles graças a sua participação nos mesmos bens na diversidade das vocações individuais. E a alegria que experimentam quando se dão conta de que tinham, sem o saber, os mesmos pensamentos ou os mesmos afetos revela neles uma espécie de identidade a um só tempo natural e voluntária, e que é o princípio de sua segurança e de seu crescimento. É impossível que aquele que desperta para a vida do espírito não busque despertar todos os outros para a mesma vida.

Toda verdade comunicada a outrem, segundo Oscar Wilde, diminui a fé que tínhamos nela. Palavras do fraco que só se deleita em si mesmo, que abandona e despreza uma ideia quando a vê compartilhada e não tem vigor suficiente para se estabelecer numa verdade que o ultrapassa, que só vive ao ser recebida e oferecida.

9. A solidão povoada

Não existe nada mais povoado que a solidão. E é a sociedade dos outros homens que nos parece semelhante a um deserto assim que ela dissipa aqueles belos movimentos do pensamento que não param de nos abalar quando estamos sós. A sociedade dos homens nos relega a um horrível isolamento quando não conseguimos manter no meio deles aquela solidão do espírito que só se amplia em sua presença e nos permite sentir com eles as mais secretas comunicações.

Só a solidão perfeita nos torna capazes de acolher a tudo. Quem se encerra na solidão será saciado de amor, e quem se dispersa ao longe carrega por toda parte um desejo que objeto algum jamais poderá satisfazer. Ao nos livrar de todos os movimentos do amor-próprio que não param de nos agitar em meio aos homens, a solidão cria em nós um vazio interior que só o Todo é capaz de preencher. Pois a solidão consiste na recusa a se perder fora de si, a fim de preparar em si um abrigo interior no qual o mundo inteiro possa ser recebido. Ora, quem se deixa distrair pelo exterior é um errante que não tem lar: não para de se alhear de si e de tudo o que existe.

O contato entre dois seres é sempre um contato entre duas solidões. E nenhuma das duas solidões é rompida por esse contato: torna-se até mais íntima e secreta; mas seus limites recuaram e ela tem mais luz. Os mais capazes de se comunicar com o outro são também os que mais sabem defender sua solidão: de fato, para que outro ser possa penetrá-la, é preciso que ninguém possa perturbá-la.

Essa é a razão por que o amor é uma forma perfeita da consciência de si. A simples consciência já faz aparecer em nossa solidão dois seres distintos que travam entre si um diálogo eterno; e o amor prossegue o mesmo diálogo entre dois seres inicialmente distintos que ele encerra numa solidão comum. No entanto, só Deus, que é o solitário perfeito, pode receber em seu amor infinito a totalidade dos seres.

10. Solidão em Deus

A solidão é semelhante a uma esfera que encerra a alma e a separa de todo o criado. E essa esfera deixa o homem a sós com Deus. O homem vive primeiro no meio dos homens, mas, quando descobriu o mundo interior, a solidão é para ele como um santuário. Pois só na solidão se conhece a Deus e se realiza a união com ele.

A solidão é uma imitação de Deus, que é um solitário infinito; obriga-nos a descobrir em nós uma presença espiritual em que tudo o que existe possa ser recebido.

O solitário vive em Deus; mas também busca, como Deus, bastar-se a si mesmo. No entanto, o ser finito não pode ocupar assim o lugar de Deus. Dir-se-á que o maior dos homens é aquele que abarca em si mesmo o horizonte mais extenso, e aquele para quem a solidão é, por conseguinte, mais fácil de carregar? No entanto, ele não para de exalar esta queixa: *"Senhor, tu me fizeste potente e solitário."* E só pode bastar-se no momento em que Deus lhe responde, isto é, no momento em que, já não encontrando em si mesmo nem em outro ser finito nada que lhe possa bastar, renuncia a tudo o que lhe pertence e reconhece nele uma presença infinita que é para sempre incapaz de lhe faltar.

Mas o maior dos homens não precisa que a solidão lhe seja imposta para viver solitário. Está só em toda parte; sucede apenas que, em vez de estar sozinho consigo mesmo, está sozinho com Deus. Essa solidão é uma sociedade mil vezes mais íntima e mais fecunda que a que pode unir-nos a todos os seres particulares. E mesmo esta última só é possível na medida em que prolonga, manifesta, realiza a sociedade que cada ser forma com Deus. Quem rompeu toda comunicação com Deus se desespera na solidão – e é incapaz de criar, com qualquer homem, uma sociedade real capaz de romper as barreiras em que todo ser finito está sempre encerrado.

Quem busca a solidão não foge do outro para permanecer a sós consigo mesmo: sabe muito bem que, assim que ficar reduzido a si mesmo, encontrará apenas a miséria. Só deseja a solidão porque as uniões que contraiu no mundo lhe mostraram muito rapidamente seus limites. O que ele deseja é a solidão com Deus, isto é, uma união tão interior e tão total com o ser sem limites, que todas as uniões que ele conheceu até então já não sejam para ele mais que separações. Assim, seu gosto da solidão é idêntico a seu gosto da perfeição do amor espiritual. Ele se refugia na solidão quando as amizades particulares lhe revelam sua insuficiência. No entanto, naquele vazio silencioso da solidão, sua alma é preenchida por um objeto infinito do qual todas as amizades particulares haurem a luz que as ilumina e a força que as multiplica.

9. O AMOR

1. Amor e vontade

O amor é um consentimento de todo o nosso ser que não consulta a vontade, mas abala-a até a raiz. Com frequência se insinua em nós de surpresa, sem que a consciência tenha sido advertida. E acontece que haja a mesma cegueira no amor que pede e no amor que concede.

Quando descobrimos de súbito sua presença, é tarde demais para escolher. E o sinal de que ele está lá é que nossa vontade, embora se sinta perturbada, já não tem forças contra ele. Quando ela desperta e se interroga, percebe que já deu tudo. Dispôs de si mesma sem seu conhecimento, com uma certeza e um ímpeto que ultrapassam infinitamente o poder que lhe resta.

Assim, quando o amor está presente, a vontade não pode sonhar em recusar seu próprio consentimento. As resistências da vontade só podem ser resistências do amor-próprio. Quando ela triunfa, é porque o amor-próprio é mais forte.

Sozinha, é tênue e impotente; e a melhor vontade do mundo só poderia servir para provar a falta de amor. No entanto, assim que o amor aparece, ela reconhece seu senhor; sente a própria fraqueza, mas fica feliz em sentir-se fraca. Sua destinação é obedecer-lhe, sem ter a audácia de resistir-lhe, nem de julgá-lo. Descobre um mundo que a ultrapassa, mas onde seu lugar está fixado. Já não hesita, já não procura. A luz se fez. Ela vislumbra o horizonte. Sabe aonde vai. É doravante uma criada atenta, solícita e alegre.

Que não se espere superar o amor por um esforço da vontade, pois o amor é o anseio mais profundo de todo o nosso ser. Mas antes é preciso escavar nossa alma o suficiente para que nela só possa nascer um amor pelo qual nossa vontade não seja humilhada.

A vontade revela a um só tempo a fraqueza do amor, tão logo ela corre em seu socorro, e sua força, tão logo ela tenta combatê--lo. Os que se esforçam por cultivar com outro ser um amor de obrigação desviam sua potência de amar de seu verdadeiro fim, consomem-na sem proveito para si nem para outrem, e acabam deixando de pensar que existe outro amor além dessa ilusória vontade de amar.

2. Desenvolvimento do amor

Acredita-se com frequência que o amor nasce na alma sem que ela o tenha buscado, assim como aí nascem as ideias. E, assim como elas, ele parece fugir quando é buscado. Tudo nele se assemelha à graça e à inspiração. Mas talvez a graça e a inspiração se ofereçam a todos os homens, embora pouquíssimos saibam acolhê-las. Assim, o amor pressupõe sempre uma espera e um contentamento interior, muito diferentes daqueles vãos esforços do desejo que o expulsam acreditando chamá-lo. E, assim como quem espera as ideias com humilde paciência as vê oferecer-se pouco a pouco e encetar com ele um diálogo espiritual, quem mostra ao amor suficiente confiança para não pressioná-lo a vir não se assombra ao vê-lo de súbito desabrochar em seu coração e despertar um eco.

Por vezes o amor mais forte não é o que se revela a nós subitamente, mas o que, sem parecer consultar-nos, se insinua em nós lentamente e ganha terreno sob os nossos olhos. O amor que atinge seu ápice na primeira tentativa não tarda em nos decepcionar: passa como o instante que o produziu. É preciso que o amor seja um ato interior no qual o ser inteiro, ao se envolver com ele, possa descobrir a um só tempo uma plenitude perfeita e uma virtualidade infinita: só então ele reúne em si toda a sucessão de momentos do tempo e penetra a eternidade.

O amor nasce da contemplação do objeto amado: quando a contemplação cessa, o amor cessa também. Diante dela, portanto, a imaginação projeta a figura do objeto amado que lhe parece sempre mais bela. Importa que essa figura se desprenda de nós e de nossa felicidade atual, que forme diante de nós um objetivo sempre novo que, até na posse, não pare de recuar e que não cessemos de perseguir.

Por conseguinte, não existe amor que possa viver e durar se engendra um hábito; pois o hábito engendra a segurança, que nos cega. É só quando essa cegueira se rompe, seja por traição, seja pela morte, que se descobre no hábito rompido uma doçura secreta. Mas já não é tempo de experimentá-la: pensamos então no que ele poderia ter sido, e não no que ele foi.

O amor é sempre um ato. E, quando deixa de sê-lo, deixa de ser. Ora, todo ato olha para o futuro e contribui para criá-lo. O amor que não se preocupa constantemente consigo mesmo, com se manter e se ampliar, está fadado a desaparecer. O amor se assemelha a um fogo que é preciso vigiar. A vivacidade de sua chama, seu fulgor e sua luz dependem de nossos cuidados. Se o deixarmos entregue a si mesmo, logo restarão apenas carvões sobre cinza.

3. Amor-próprio e amor

O amor-próprio nos faz sentir dolorosamente nossos limites, ao passo que o amor nos leva sempre além.

No entanto, trava-se um debate perpétuo entre o amor e o amor-próprio; e esses dois contrários têm com frequência o mesmo início. Primeiro o amor estimula o amor-próprio; e pode-se até dizer que o desenvolve, até o momento em que o faz explodir ou o destrói.

A forma mais miserável do amor consiste naquele amor de outro corpo que não passa de um prolongamento do amor de nosso próprio corpo e que desconfia do espírito ou o odeia, porque o espírito, que une todos os seres, viria perturbar sua posse solitária. Assim, ele nos separa dos outros homens, agudiza, no segredo que estabelece entre nós e o objeto amado, as picadas do amor-próprio, multiplica seus prazeres e suas penas. Trata-se apenas de um amor aparente: do amor-próprio, que assumiu outro rosto.

Muitos homens não conhecem outro amor. Em vez de expressar uma renúncia de si e uma união com outro ser no universal, o amor é para eles apenas uma aliança entre dois egoísmos a serviço um do outro. Eles tiram vantagem até do acordo sutil que reina entre seus pensamentos, e que não passa de um meio, para eles, de dar e receber certas carícias imateriais. Seria preciso, nesse caso, que o amor fosse ao mesmo tempo um princípio de união e um princípio de separação: só uniria dois seres para aumentar o prazer separado de cada um. E suas atentas complacências não teriam outro objetivo senão permitir a cada um sentir com mais acuidade tudo o que possui.

O amor verdadeiro abole todas as separações. Apazigua-nos e ilumina-nos; estabelece a unidade em nossa alma ao unir-nos com outro ser e, por meio dele, com todo o universo. Difunde-se até sobre aqueles de quem deveria separar-nos: torna-nos subitamente sensíveis à sua humanidade. Nessa perfeita intimidade que fez cair miraculosamente, entre dois seres, as barreiras da individualidade, todos os outros seres podem receber uma acolhida espiritual: essa é a forma visível de um amor feliz e conforme à sua verdadeira finalidade.

Todo ser ao qual alguém se dá por inteiro com uma alegria ardente, na qual a vontade própria já não se faz sentir, para de se defender. Todo dom que fazemos de nós mesmos sem exigir nada em troca já nos é devolvido. Ao renunciarmos a nós mesmos, formamos algo uno com o espírito puro: cedemos-lhe lugar. Ora, nele todos os seres particulares encontram acesso e comungam. Interrompem todos os debates do amor-próprio e, ao perder o amor-próprio em benefício do amor, preenchem todas as ambições do amor-próprio e ultrapassam-nas. O amor não pode ser a cumplicidade de dois egoísmos que, isolando-se do mundo, fazem desse isolamento a fonte de suas delícias. Ele dissolve esses dois egoísmos e cria à volta deles um círculo mais amplo, que ele amplia incessantemente e no qual o universo inteiro é capaz de se ter.

4. O desejo e a posse

Pensa-se com demasiada frequência que o amor é um movimento violento que nos leva para um objeto do qual estamos privados. Confunde-se, então, o amor com o desejo. Ele é menos estudado na posse, como se só aparecesse com toda a sua força quando encontra obstáculos que o impedem de se satisfazer. Imagina-se também que a posse é como um desejo que sempre se extingue e sempre se reacende.

No entanto, se o amor não passa de um movimento dirigido a uma finalidade, tão logo essa finalidade é alcançada e ele pode exercer-se sem obstáculo, deixa de existir. Já não tem objeto assim que encontrou seu objeto. Por isso o amor é perceptível à consciência sobretudo quando é infeliz, quando é uma aspiração poderosa e insatisfeita. Então uma dualidade violenta aparece em nós entre o que desejamos e o que possuímos: e nesse dilaceramento de nós mesmos se revela a profundidade da paixão.

O amor feliz, ao contrário, produz um apaziguamento interior, uma harmonia nas almas e uma harmonia entre as almas. Diz-se que elas se esquecem do restante do mundo; mas seria mais verdadeiro dizer que se esquecem de si mesmas, pois o mundo inteiro está agora presente nelas e lhes parece que, ao obedecer à sua lei, contribuem para regular seu curso. É verdade que talvez já não guardem, no fim, o sentimento distinto desse amor; mas é porque ele se confundiu com o próprio ser das almas. Elas rejeitam o pensamento de que nem sempre o conheceram ou de que poderiam um dia ser dele privadas, e esse é o sinal de que, para elas, o tempo desapareceu.

Para a maioria dos homens o amor não se prolonga além da posse; quando esta está assegurada, suscita o tédio, a fadiga e a aversão. Precisam de crises de incerteza e do ciúme para que sua sensibilidade seja sacudida. Buscam amores turbulentos que só vivem de esperança e de temor, que se aguçam com os obstáculos e em que o desejo é temperado pela impaciência, e a posse pela ansiedade. É preciso ter muita sabedoria e força para preferir um amor equilibrado e pleno que nos permita desfrutar, no presente, e sem jamais esgotá-la, de uma felicidade à qual o pensamento do futuro não provoca medo que não se transmute em esperança, nem esperança que não se transmute em ação de graças. Os que conhecem melhor o amor não são aqueles cujo desejo é mais forte, pois a posse os decepciona, mas os que sabem abraçar, na posse, a colheita mais rica.

Quase todas as infelicidades do amor vêm do fato de ele ser infinitamente mais difícil de possuir que de desejar. A lei do desejo é morrer em sua própria satisfação: só morre para renascer e morrer de novo. O amor desconhece essas vicissitudes. Renasce incessantemente de si mesmo sem jamais pagar tributo à morte. E, enquanto o desejo corre sempre para sua própria destruição, o amor nos introduz na eternidade.

5. Amor e afeto

Fala-se por vezes de amor onde o que existe é confiança, retidão, estima e admiração. Tais sentimentos não substituem o amor. Não bastam para criar aquela comunicação total entre dois seres que já não podem ter segredos um para o outro, que penetram um no outro até o extremo de sua intimidade e confundem o universo com aquele círculo perpetuamente ampliado da dupla vida interior. Preservam, em cada indivíduo, uma consciência de si demasiado exata, uma disposição de si demasiado livre. Cada qual guarda um sentimento demasiado nítido de sua diferença. Não penetra a consciência do outro; não se deixa penetrar. O afeto que lhe demonstra é sempre regulado pelo julgamento. Essas são relações de eleição, mas que reproduzem com extrema delicadeza as relações que nos são familiares com todos os homens; são efeitos privilegiados da inclinação comum que os leva uns em direção aos outros e que, em cada caso, deve coadunar-se com a justiça e a verdade. Ao levá-los a seu ponto mais elevado, o amor parece aboli-los. De fato, é próprio do amor ocupar o universo inteiro; o afeto mais profundo só ocupa uma parte dele.

O esforço generoso para se dar ao ser que se estima é suficiente para mostrar que não se ama esse ser com amor. E, no entanto, o afeto, a sinceridade, a perfeita confiança que reinam entre dois seres são com frequência suficientes para levar cada um deles à altura das melhores partes do outro.

Encontram-se certas almas que têm mobilidade, ardor e uma espécie de frêmito contido, que têm as aspirações interiores mais potentes e mais secretas, que parecem buscar uma solidão ambiciosa e negligenciar, à sua volta, o ritmo corriqueiro da vida, mas que chamam com ansiedade um ser que as adivinhe, que penetre em sua intimidade e sacuda sua vida oculta. O silêncio delas é uma espera, e seu olhar ora se fecha, ora se interroga, mal contendo, porém, a alegria que elas já experimentam em se dar.

Por vezes encontram algum afeto um pouco abaixo delas, mas sabem transformá-lo numa união tão perfeita e terna, que não lamentam a doação que não receberam; perdem a consciência de que essa doação lhes faltou. A alma delas manteve os mesmos movimentos, mas o afeto lhes permite agora difundi-los e comunicá-los; e a resposta que recebem, por mais humilde que seja, basta-lhes para que imaginem ter encontrado o objeto que deveria satisfazê-las. Se o encontro de um verdadeiro amor pudesse fazer reviver nelas a esperança que outrora as enganou, já não se perturbariam com ele, pois adquiriram segurança suficiente e felicidade para reter seus benefícios e revertê-los num afeto que parecia de início tão moderado, e ainda conseguir, dessa maneira, purificá-lo e aumentá-lo.

6. Silêncio da intimidade

Existe em nós uma zona de silêncio onde se encerra uma parte de nossa vida interior, seja porque não queremos deixar ninguém entrar nela, seja porque nos sentimos incapazes de fazê-lo; ela indica o limite de nosso amor.

Mas também existe no fundo de cada um de nós um poço de silêncio à beira do qual não ousamos nem sequer debruçar-nos sem a presença do amor.

É verdade que a intimidade nem sempre é efeito do amor; ela com frequência o precede. Por vezes faz nascer o amor sem que se tenha imaginado isso. Pode ampliar indefinidamente um amor humilde e tímido. Mas o amor no qual havíamos depositado toda a nossa confiança nem sempre resiste à intimidade.

Será que existe um amor tão perfeito que nos permita dizer em voz alta o que dizemos em voz baixa? Pode-se pensar, porém, que o papel do amor é primeiro mudar a natureza de tudo o que dizemos em voz baixa. Sem dúvida é esse o sentido do amor mais perfeito, que é o amor de Deus.

A distinção entre o que dizemos em voz alta e o que dizemos em voz baixa é a medida de nossa separação e de nossa solidão. Assim que a solidão se dissolveu, o amor de si já não deixa ouvir uma voz separada. Tampouco é necessário que falemos sempre em voz alta: como se o que pensamos fosse invisível, ou como se quiséssemos dissimulá-lo, dando a impressão de revelá-lo.

Nossas palavras mais silenciosas são logo ouvidas pela alma que nos ama: e, como vivemos com ela numa comunicação permanente, essas palavras sempre encontram nela uma resposta, isto é, um eco. O maior benefício do amor é produzir uma purificação de nossa vida secreta ao libertá-la dos limites do amor-próprio, é revelar-lhe uma intimidade mais profunda em que seres diferentes comungam.

Existe, assim, um silêncio da intimidade que é mais pungente que todas as palavras; pois indica um respeito delicado pela separação material e uma penetração imediata e perfeita entre as almas.

As palavras ditas, ao rompê-lo, parecem não apenas inúteis e grosseiras: nelas se poderia ver um obstáculo, mais que um meio; lembram-nos duramente nossa dualidade, em vez de aboli-la.

Fariam com que sentíssemos a presença de nosso corpo, que é preciso esquecer, e melindrariam nosso pudor.

Na presença do objeto amado, o silêncio tem mais valor que a fala; tem mais riqueza e sutileza que as palavras mais finas. Não limita, como elas, o movimento da imaginação. Preserva o caráter puramente espiritual da comunhão dos seres, ao passo que a fala sublinha a presença do corpo que os separa e, ao afirmar o amor, parece buscar também fortalecê-lo.

É só no silêncio que o amor toma consciência de sua essência miraculosa, de sua liberdade e de sua potência de intimidade. As palavras ditas destroem sua penugem e sua graça sempre nascente. Quem duvidaria que, no Paraíso, os espíritos desfrutam de si mesmos comunicando-se com Deus e com os outros espíritos no fervor de um perfeito silêncio?

7. O amor contemplativo

Não existe posse mais perfeita que a proporcionada pelo olhar. Possui-se tudo o que se vê.

É verdade que os homens preferem confiar-se a potências mais obscuras; é que existe na visão, assim como na inteligência, transparência e claridade em excesso: o espírito aí se vê reduzido a uma atividade despojada demais. Eles amam apenas suas paixões. Quanto mais se sentem abalados, mais se sentem fortes, e confundem a posse com a agitação obscura e passiva dos sentidos inferiores.

No entanto, as percepções da visão não estão destinadas apenas a nos revelar objetos longínquos, que nos darão, quando estivermos próximos deles, prazeres mais sólidos. Não são apenas promessas, sinais prenunciadores. Dão-nos do universo um conhecimento mais puro, mais delicado e mais pleno que as outras percepções. Podem desprender-se das paixões da carne. Apresentam-nos o mundo envolto numa luz serena e bem-aventurada. Por isso, amar é desejar do objeto amado uma visão cada dia mais ampla, mais exata e mais penetrante, uma visão que não deixaria escapar nada.

Mas esse é apenas um símbolo sensível do amor verdadeiro. Pois não é o corpo o que é amado, é o ser espiritual, um ser que não é visto. Como não se pode, no entanto, amar um objeto ignorado, ama-se, portanto, a ideia dele. Mas esse é precisamente o único amor no qual quem ama pode esperar obter a posse do objeto amado. Pois o ser reside por inteiro no ato do pensamento, e não pode haver intimidade mais estreita do que a de um pensamento com a ideia pensada por ele.

Dir-se-á que essa posse ideal é frágil demais para satisfazer-nos, demasiado distante da posse real? Mas aquela é a essência desta que, sem ela, é ilusória, procura-a e nem sempre consegue encontrá-la.

Quando a memória houver purificado todos os acontecimentos de nossa vida, houver apagado as impressões confusas que experimentávamos quando eles ocorriam, de tal modo que deles subsista apenas sua significação profunda e secreta, todo o nosso passado nos aparecerá como num quadro e nossa atividade ter-se-á tornado contemplativa. Ora, para amar verdadeiramente uma pessoa real, é preciso amá-la desde já como gostaríamos de amá-la sempre. É preciso estarmos unidos a ela espiritualmente. É preciso que nosso amor já não possa variar com o estado de nosso corpo ou com os movimentos imprevisíveis de nosso amor-próprio. Para isso é preciso levar em consideração – como se a pessoa amada estivesse morta –, apenas aquela ideia dela, mais verdadeira que ela mesma, a qual, até quando sua presença nos é dada, é a única a nos revelar seu ser verdadeiro.

8. O amor pessoal

Embora o amor seja a união real de dois seres e não exista união mais perfeita que a do pensamento e da ideia, não basta, no entanto, a quem é amado existir apenas como uma ideia na consciência de quem ama, nem a quem ama amar apenas uma ideia que ainda é uma parte dele próprio. Nenhum deles sentiria alívio em pensar que existe nessa relação uma reciprocidade que os iguala.

Para começar, não é verdade que a consciência constitua algo uno com suas ideias, isto é, com aquele puro espetáculo que lhe é oferecido e que com frequência não basta para comovê-la. Sem dúvida as ideias só existem em nós e até constituem, por vezes, puras ficções de nosso espírito: no entanto, elas não somos nós, visto que podemos aceitá-las ou rejeitá-las, e que nada existe que sejamos nós além de nossa preferência mais oculta e, por assim dizer, de nosso consentimento puro.

Depois, o amor é precisamente a descoberta de um ser que é a um só tempo infinitamente mais independente de nós e, no entanto, infinitamente mais interior a nós que a mais perfeita de nossas ideias. Esse ser depende tão pouco de nós, que podemos, ao contrário, pôr-nos sob sua dependência: isso significa, portanto, que nós o amamos como a um ser que vive fora de nós, como a uma pessoa real. Era o próprio do conhecimento transformar os seres em ideias; mas o amor possui o segredo de uma operação soberana, semelhante àquela pela qual o mundo foi criado, e que consiste em transformar as ideias em seres.

Sucede porém que esse ser amado, que é tão independente de nós, é mais interior a nós que nós mesmos; pois é ele que nos dá o sopro e a vida, assim como nós mesmos damos o sopro e a vida a todas as nossas ideias. Assiste-se assim à formação desse admirável circuito que é a própria lei do amor, e que de uma ideia faz um ser que, por sua vez, dá o ser a nós mesmos.

O que existe de comum a todos os homens, no amor, é a alegria que esse sentimento os faz experimentar, associada, como diz Espinosa, à ideia da causa que a produz. Mas a simples presença do ser amado não pode bastar-lhes; com frequência, aumenta sua miséria; o que eles desejam é o consentimento interior de sua vontade que, se estiver de acordo com a ordem espiritual, os une a Deus e confere à alegria deles o sinal da infinitude. O amor retorna então a seu princípio e apresenta um caráter de perfeição.

Pois o amor perfeito é um ato e uma doação. Não é a contemplação de uma ideia. Rompe nossa solidão e, por conseguinte, nossos limites. No entanto, se só existe doação em benefício de alguém, compreende-se que só o amor nos revele a pessoa do outro. Se toda doação é um ato voluntário, compreende-se que ela envolva a nossa. Se toda doação é uma doação de si, compreende-se que ela seja o mais belo emprego de si e, ao mesmo tempo, o sacrifício de si. Se a doação que recebemos ultrapassa desmedidamente a que fizemos, compreende-se que, graças à mediação de outro ser, ela nos faça comunicar com uma presença sobrenatural que atua sobre nós por um simples toque.

9. O amor criador

O único filho que nos pertence e que jamais se desprende de nós é esse eu interior que carrega a marca de nossas menores ações, cuja natureza formamos pouco a pouco e cujo destino seguimos a cada passo com atenção ansiosa. Já os filhos de nosso sangue se tornam logo independentes e, enquanto ainda arde o amor que os fez nascer, fogem diante de nós como água que corre.

No entanto, o amor não é apenas criador dos corpos; se ele cria os corpos de outro ser, cria primeiro o ser espiritual dos que se amam: ele é esse próprio ser. Com demasiada frequência se considera o amor como um princípio de união entre almas inicialmente separadas: mas primeiramente ele engendra cada uma dessas almas para si mesma; engendra-as uma para a outra. Assemelha-se à inteligência, que não é posterior às ideias que reúne, senão que, no mesmo ato, as une e as faz nascer.

Assim, cada ser que ama pode assistir ao espetáculo de seu próprio nascimento. O efeito do amor é rasgar a superfície tranquila da consciência, revelar-lhe suas potências mais ocultas e pô-las em movimento. A comunhão que ele realiza com outro ser é a um só tempo o instrumento e a garantia dessa comunhão invisível que se produz, nele próprio, entre suas duas naturezas: entre seu eu de desejo, sempre esfomeado e miserável, e seu eu espiritual, o único a lhe dar o alimento e a vida. Mas o eu de desejo só chega a descobrir essa presença tão admirável e tão próxima se recebe de fora algum abalo forte o suficiente para obrigá-lo a sair de si mesmo.

Assim, é simultaneamente verdadeiro que o amor nos arranca de nós mesmos e nos engendra a nós mesmos. A alma não habita no corpo que ela anima, mas no lugar de seu amor; no entanto, ela só encontra esse lugar nas profundezas de si mesma. Por isso é primeiramente ao centro de nossa própria vida secreta que o ser que amamos dirige todas as nossas potências de atenção e de desejo. Mas é preciso também que, em nós mesmos, nossa busca já não seja de nós, se o amor é uma entrega de si e uma metamorfose, se ele pensa que sempre recebe e jamais dá, se, enfim, o ser que amamos é sempre para nós o guia predestinado que nos introduz num mundo sobrenatural.

Deus abarca todos os seres. É ele que lhes dá o movimento e a vida, e por isso se diz que ele os ama. Não existe diferença, para ele, entre amá-los e criá-los. Mas o amor das criaturas vem dele e deve voltar a ele. Pressupõe entre elas uma separação que ele abole. Ora, essa separação e o amor que ela torna possível só ocorrem entre dois seres carnais, e é por isso que o amor do Deus criador só se consuma no amor de um Deus encarnado.

10. O amor temporal e eterno

Em amor, a ausência não raro tem mais poder que a presença. É que o amor precisa de uma posse espiritual e eterna. E por vezes a presença sensível nos dá segurança demais, ou insegurança demais, e impede a presença interior, em vez de servir a ela; nutre a emoção, e não o sentimento. Mais que o silêncio, que ainda se acompanha da presença dos corpos, a ausência confere ao amor uma força e uma pureza imateriais. Chega por vezes a despojá-lo da imaginação, das lembranças e das promessas, a só deixar subsistir a união inesgotável do pensamento com a pura ideia do objeto amado.

Assim, de todos os que melhor descreveram o amor, poder-se-ia indagar se sua acuidade e sua penetração não provinham quase sempre de um amor perdido ou de um amor impossível. É preciso desconfiar, portanto, das derrotas, das evasões que nos fazem preferir ao amor o sonho do amor; elas se assemelham àquelas consolações de um artista impotente que, renunciando a gravar na matéria a sua marca, se consome na lembrança de uma obra destruída ou no sonho de uma obra imaginária.

Tanto o amor mais frágil, que só vive de sinais sensíveis, quanto o amor mais forte, que os despreza, não se alimentam senão do presente; o pensamento do passado e o do futuro os extenua: são o refúgio de certos espíritos delicados para os quais o amor acaba por tornar-se um jogo completamente interior, no qual eles prosseguem indefinidamente a pergunta e a resposta.

O amor é a própria vida do espírito: transporta-nos eternidade adentro; no entanto, assim como à eternidade, é preciso que a cada instante corramos o risco de perdê-lo. E é a reunião dessas duas características o que lhe confere aquela ansiedade sempre renascente que nos queima e nos dilacera. Se repousamos nele e se nossa atividade para por um instante de sustentá-lo, ele desce de imediato para o tempo. Mas ficamos perturbados assim que paramos de nos sentir preenchidos; e o pensamento daquilo que nos falta nos faz mergulhar de imediato num abismo de miséria. Então o amor parece dirigido a um fim sempre prestes a escapar-lhe e que buscamos sempre alcançar ou reter. Assim que ele se envolve no tempo, vive apenas de crises: mas o amor só é verdadeiro se aspira a libertar-se delas e não a comprazer-se nelas. E para conhecê-lo é preciso observá-lo em certos momentos de posse, nos quais ele não deseja nada, porque seus desejos foram superados; nos quais desfruta de si mesmo e da presença espiritual do objeto amado; nos quais não busca perpetuar-se, porque não teme perder-se; nos quais se absorve por inteiro em sua essência realizada.

11. Valor infinito do amor

Os homens que vivem pelo amor, assim como os que vivem pelo pensamento, carregam em si uma preocupação permanente:

não podemos distraí-los dela sem lhes retirar o movimento e a vida. Quando ela reaparece, o mundo retoma sua configuração e seu sentido; eles aí encontram seu lugar natural, percebem de novo a oposição da sombra e da luz, o gosto da dor e da alegria. São censurados por encerrar-se na solidão exatamente quando a rompem, quando tomam posse de tudo o que os cerca penetrando o que estava fechado, descobrindo o que estava oculto, difundindo o sopro que os anima sobre um universo inerte e dando-lhe a palpitação interior que, sem o amor, ele não teria.

Dir-se-á que o valor do amor depende de quem ama: este pode fazer do amor, bem como da liberdade, o melhor ou o pior uso. Mas o valor do amor ultrapassa incomparavelmente o mérito dos amantes: eleva-os acima de si mesmos.

O coração de cada um deles não é grande o suficiente para que o amor possa caber nele. E não se deve dizer que cada ser ama com um amor que está à sua altura, nem que pouco importa que esse amor seja pequeno ou grande, contanto que preencha toda a sua capacidade. Visto que o amor une um ser a outro, cada um se obriga precisamente a ultrapassar seus próprios limites, isto é, a sair de si e, no entanto, encontrar-se; a sacrificar-se e, no entanto, realizar-se. Cada um sente que o amor nada pode dentro dele senão com a condição de que ele próprio viva no amor. Assim, o amor não lhe faltará jamais, mas ele próprio faltará sempre ao amor.

O amor supera o ser amado, e também o ser que ama; é um infinito presente, mas também um movimento que não tem termo, uma promessa que jamais se esgota. Por isso foi comparado a uma inspiração e a uma fatalidade: com respeito ao amor, a perfeição de nossa iniciativa reside na perfeição de nossa docilidade.

É preciso, portanto, abençoar o amor mais débil, em vez de desprezá-lo e queixar-se dele. E até o amor mais baixo ainda eleva a alma que o experimenta, embora o amor-próprio possa fazer disso outro julgamento. Nem sequer é verdadeiro que as maiores almas só possam aceitar um amor à sua altura; pois na sinceridade do amor mais simples elas podem encontrar toda a riqueza do coração humano. Não há nada mais precioso que o movimento espontâneo – por mais tímido que o suponhamos – que impele um ser a outro ser. O amor é indivisível; sente-se sempre chamado à fruição do absoluto. Não se dá a nós como uma coisa já feita e medida de antemão: cabe a nós fazê-lo e, ao lhe dar nossa vida inteira, descobrir que ele não tem medida.

Assim, no amor mais humilde existem possibilidades infinitas que cabe a nós deixar que se percam ou fazer que desabrochem.

Uma vez existente o amor, é preciso, portanto, que se eleve até o infinito; mas, se ele se desprende de sua fonte universal e espiritual, se, em vez de atravessar o ser finito para ultrapassá-lo, ele o transforma em infinito, é inevitável que produza o desastre e a morte, como o cristianismo o afirma e Racine o testemunha.

12. Amor e unidade

Só existe um amor, ainda que ele dê origem a uma infinidade de sentimentos, assim como só existe uma inteligência, ainda que ela dê origem a uma infinidade de pensamentos. Não se pode renunciar ao amor sem renunciar a alcançar a própria interioridade do mundo, isto é, o princípio que dá à nossa vida sua impulsão e seu sentido, que rompe nossa solidão e nos afina com outros seres, que resolve nossa dualidade e concilia, em nós, o espiritual e o sensível, que reconcilia todos os nossos desejos e nos faz viver na unidade.

Quem melhor conhece o amor é aquele que abraça todos os outros seres no mesmo amor. Ele o dá por inteiro a cada um deles, visto que o amor é um dom de si e que tal dom não pode ser dividido. Quem o recebe o acha tão perfeito, que tem a certeza de ser amado com um amor único no mundo. Mas só podemos amar como devido um ser quando amamos como devido todos os outros. O amor que tenho por todos sustenta e multiplica, em vez de dispersar, o amor que tenho por cada um. Assim, todo amor de exclusão é um roubo que se pratica, não apenas aos outros seres, mas também ao ser amado.

Todo amor se apresenta justamente como um vínculo excepcional entre dois seres excepcionais; todo amor deve ser excepcional para encarnar, a cada vez, a essência única e total do amor. Em todo conhecimento e em toda ação, é preciso ir do princípio às consequências, do centro à periferia e do foco aos raios. No amor também: é o amor universal, isto é, o próprio ser do Amor, o que se encontra, numa forma perfeita e indivisível, no amor de dois seres particulares. No entanto, ele se oferece a cada um deles como uma doação tão pessoal e tão privilegiada, que sempre se assemelha a uma graça sem similar e insuscetível de recomeçar.

É preciso haver feito a experiência do amor das criaturas para dar-se conta de que a finalidade de nossa vida não é dissolver nossa existência separada na unidade do universo imenso. É uma ilusão pensar que poderíamos assim ampliar-nos até chegar um dia a possuir o Todo e a identificar-nos com ele; não faríamos senão aniquilar-nos. O universo está à altura de cada consciência particular, à qual é capaz de proporcionar, sem destruí-la, uma satisfação absoluta, mas é o amor que lhe dá essa satisfação.

Um mundo onde todas as partes viriam fundir-se na unidade do Todo já não seria a unidade nem o Todo de nada. Já não seria um mundo. No entanto, o amor nos revela com singular acuidade a realidade desse ato de união que é a própria vida da unidade. Só existem beleza e inteligibilidade no mundo porque todos os seres que o compõem mantêm uma vida própria e não param de circular nele e de se unir por uma infinidade de relações espirituais que dependem da invenção de cada um e do consentimento de todos. É preciso que o ser que ama realize, por seu amor, todas as suas potências interiores, que penetre seu próprio segredo e, ao mesmo tempo, que o desenvolva. É preciso que o objeto amado seja para ele um ser independente cujo valor ele revela sem cessar e sem jamais esgotá-lo e ao qual presta uma iniciativa pessoal capaz de ultrapassar sempre sua previsão ou sua expectativa.

Amamos um ser que deve ser outro que nós e que queremos que seja precisamente como é, a fim de não subordiná-lo a nós e de nem sequer parecer que nos subordinamos a ele, se é verdade que recebemos dele tudo o que somos capazes de possuir. Mas a simples presença mútua de dois seres que se amam deve dar a cada um deles tal impulso, tal movimento, que, no momento em que estão mais unidos, cada um se sinta confirmado em sua própria lei.

10. O TEMPO

1. O tempo, artesão da vida

O tempo é o criador, o conservador, o destruidor de tudo o que existe. Assim, ele traz todos os indivíduos à existência pelo nascimento, mantém-nos na existência pela duração, completa sua existência chamando-os ao seio imenso do passado pela morte. É o ato vivo da Trindade. E suas diferentes operações constituem uma só: pois ele só cria destruindo, e toda destruição é nele uma realização plena. Ele é o lugar de todas as gêneses e de todas as aniquilações. A cada instante ele nos retira o ser e nos dá o ser: suspende-nos entre o ser e o nada. E esse foi provavelmente o sentido profundo do pensamento de Descartes, quando ele falava de criação continuada. Ronsard também dizia, com trivial simplicidade: "O tempo nos prepara, o próprio tempo nos come." Compreende-se, portanto, que os homens tenham adorado o Tempo como a um deus; e, quando adoravam o Sol, não o faziam apenas porque ele é o princípio da vida, mas porque insere a vida no tempo e lhe impõe o ritmo do dia e da noite, bem como o ritmo das estações.

Mas o tempo não é Deus: é apenas o meio que Deus dá a todos os seres para que se criem a si mesmos e realizem seu destino. Deus é eterno; e a eternidade é a fonte de que a atividade de todos os seres não para de haurir: haure dela com mais ou menos confiança e continuidade, e assim faz com que a vida de cada um entre no tempo. Nenhum ser jamais abandona o presente, e é no presente que ele está em contato com a eternidade; mas esse contato é evanescente: é preciso que não cesse de se renovar e de se perder para que nossa independência seja assegurada. Por isso, o presente não tem nenhum conteúdo. Jamais saímos dele e não podemos permanecer nele: é o ponto de cruzamento de um passado que foge de nós e que é preciso ressuscitar, e de um futuro que nos seduz e que é preciso realizar.

De fato, o presente jamais deve parar de se fazer, a fim de que o indivíduo possa a cada instante reencontrar, por um ato novo, uma vida que subsiste eternamente. No entanto, o passado nos limita e nos restringe, pois se completou: é a única coisa que é e que já não vem a ser. Por isso, é a única parte de nós mesmos e do mundo que somos capazes de conhecer: só ele pode ser contemplado. O futuro, ao menos em aparência, limita-nos ainda mais, pois está escondido de nós; e não expressa sequer o que nos restringe, mas o que nos falta. No entanto, enquanto o passado nos proporciona uma posse espiritual da criação, o futuro nos permite participar do ato criador; faz de nós instrumentos da potência divina nos limites que nos são fixados; confia-nos seu uso e a responsabilidade dela.

O tempo nos permite ser os operários de nossa própria vida e, por conseguinte, melhorá-la ou corrompê-la a cada instante. Seria preciso que ela jamais caísse abaixo do ponto mais alto que tivemos a felicidade de alcançar, e que o último momento de nossa vida fosse também o mais pleno e o mais belo. No entanto, todo homem é como o artista que, a cada pincelada, pode estragar a obra em curso e que não sabe reconhecer o momento tão frágil do perfeito conseguimento – momento que ele altera assim que tenta ultrapassá-lo.

2. O tempo liberta e subjuga

O tempo é o meio que nos foi dado para exercer nossa liberdade e participar da obra da criação: ele mede a potência de nossa iniciativa individual. E o tempo tem um sentido: permitir-nos dar à nossa vida o próprio sentido que escolhemos. É ele que nos permite dispor de nossa atenção, escolher no mundo o objeto de nossa contemplação, vir a ser o autor de nosso próprio saber; é ele que nos permite desenvolver todas as nossas potências. Os corpos criam sua independência no interior do universo pelos movimentos que assumem, assim como os espíritos criam a deles no interior da verdade pela ordem que imprimem a seus pensamentos.

É o próprio do eu dar existência a si mesmo: só pode fazê--lo porque vive no tempo. E, se a vida deve aparecer no tempo, é precisamente porque é uma posse que, a cada instante, deve ser adquirida e pode ser perdida. Com relação ao ser infinito, é uma imperfeição viver no tempo, visto que o tempo não para de retirar de mim o que me ofereceu. Mas é a perfeição de minha natureza finita; sem ele, ela não poderia desenvolver-se e, por conseguinte, não poderia ser.

O tempo permite à minha liberdade exercer-se, porque abre diante dela o futuro. No entanto, é também uma corrente, porque o passado pesa sobre mim com todo o seu peso, porque o próprio futuro me arrasta, quer eu consinta, quer eu me rebele: e vive-se uma vida de muita miséria quando se tem apenas o sentimento de que tudo passa e se espera, a cada instante, o fim da hora começada. Aquele que é sempre surpreendido pelo acontecimento é sempre escravo: quem dispõe do tempo é capaz de se tornar senhor dos seres e das coisas.

É no tempo que se realizam todos os progressos, todas as quedas e todos os renascimentos. O tempo amadurece o fruto e o faz apodrecer, melhora o vinho e o azeda. Assim, todos os problemas que nos são apresentados se reduzem ao uso que devemos fazer do tempo. Podemos fazer dele o melhor e o pior uso.

Mas, em seu melhor uso, ele desaparece; deixa de haver nele a ambiguidade, a diversidade de possíveis entre os quais ele nos pede que escolhamos: ele se torna como um vaso translúcido que só deixa transparecer a realidade que o preenche. Que não nos tornemos vítimas do tempo, pois, então, a cada minuto ele nos degrada, nos corrói e nos mata. É preciso que travemos contra ele um combate perpétuo: se sairmos vencedores, salvamos nosso ser.

3. Tempo e amor-próprio

Quando nossa atividade preenche o tempo, já não nos deixa a possibilidade de perceber seu transcurso; nosso ser inteiro se confunde com o ato que ele cumpre, vivemos na eternidade, indivisivelmente associados à potência criadora. É em vão que tento preencher o tempo com o espetáculo daquilo que não faço: mal consigo enganar meu tédio. Tão logo minha atividade começa a declinar, aparecem interstícios entre minhas aspirações e os acontecimentos, e é nesses interstícios que se insinua o pensamento do que me falta, isto é, do que perdi ou do que espero. Então começo a viver no tempo.

O tempo é uma criação do amor-próprio que me separa do Todo e me vincula a bens particulares. Quem permanece indiferente diante deles, e considera que o verdadeiro bem reside apenas na atitude interior que se pode adotar em relação a todos os bens que lhe são dados, emancipa-se do tempo. De fato, só os bens particulares estão envolvidos no tempo: e quem os ignora, ignora a nostalgia e o desejo.

Ao deixar de aplicar meu espírito àquilo que me é dado, de penetrá-lo, de me apropriar dele, de nele me sentir em consonância com o ritmo do universo, deixo-me distrair pela ideia do que poderia acontecer-me; para melhor me torturar, deixo meu próprio ser, evado-me nos dois modos ilusórios, o do passado e o do futuro, olho ora para trás, ora para frente, e não paro de lamentar a marcha do tempo, que é sempre rápida demais ou lenta demais em comparação com meus desejos.

É a ociosidade que deixa introduzir-se em mim, com o tempo, todos os devaneios da imaginação. Então vivo à espera, voltado para o que não existe e lembrando-me do que existiu, ansioso pelo que será, e que poderá ser um reinício esperado ou temido, ou algo desconhecido e ainda mais assustador para mim. Mas é próprio da sabedoria ater-se ao presente e nada esperar.

O gosto da perfeição é, com frequência, a causa de todas as nossas imperfeições. Não se deve pedir ao momento presente mais do que ele pode proporcionar. Basta absorver nele nossa atividade sem misturar aí os escrúpulos que um passado abolido arrasta atrás de si, nem a impaciência por um futuro cuja hora ainda não chegou. Já não fazemos com exatidão o que devemos fazer no presente se queremos fazer com que nele caiba o que tem lugar noutro tempo; e nossa ação perde seu valor eterno quando se divide, em vez de se aprofundar. O ato atento a seu objeto já não nos deixa nenhuma consciência da fuga do tempo; esta só ocorre quando sentimos o vazio da existência e experimentamos não a insuficiência do que nos é dado, mas a insuficiência de nós mesmos, que sonhamos em deixá-lo sem ser capazes de esgotá-lo ou sequer de senti-lo.

4. Gênese do tempo

"Quando se está presente a si mesmo", diz Porfírio, "possui-se o ser que está presente em toda parte". É apenas dessa nossa ausência de nós mesmos que nasce nossa vida temporal e, por conseguinte, nossa fraqueza e todos os nossos infortúnios. Não há o tempo senão para que haja sempre um intervalo entre o ser pensado ou desejado e o ser dado ou possuído. O tempo não é necessário para o desdobramento da atividade divina: ela anima tudo o que existe num eterno presente. O tempo é a medida de nossa fraqueza: num instante, a atividade infinita cumpre tudo. É a disponibilidade da espera o que nos envolve no tempo, é a preocupação com o acontecimento o que precipita seu curso; mas existe uma nova disponibilidade, que nos livra dele: quando o acontecimento – que vem sempre em sua hora – nos faz sentir nossa harmonia com o Todo e realiza em nós sua presença.

É porque vivemos no tempo que em nenhum momento somos nós mesmos inteiramente e nossa natureza não se distingue de nossa vida. Ela se distribui no sucessivo. Aí se espalha. Ou antes, aí se constitui pouco a pouco. É nosso próprio ser o que assim formamos, gradualmente, e ele só se concluirá quando a morte nos desatar dos laços do tempo. Assim, o tempo mede o intervalo que nos separa do que devemos ser: é por isso que ele se dilata na ociosidade e que ele parece tão mais curto quão mais bem preenchida é nossa vida.

É só no presente que podemos pensar no tempo. No entanto, esse pensamento nos faz experimentar um duplo tremor: pois a ação que acabamos de realizar foi agora subtraída à nossa vontade; foi a um só tempo abolida e consumada; e o futuro no qual entramos nos dá a comoção do que será e desperta nossa responsabilidade ainda mal assegurada. O passado é único e está fixado; é um espetáculo que nos fascina; é um peso que nos esmaga. O futuro é duplo e incerto; mesmo na dependência da destinação, sempre se oferece a nós como um acontecimento que pode ser ou não ser, como uma alternativa entre dois contrários. E é por isso que a sensibilidade só se apega ao passado por um único sentimento, que é uma nostalgia a um só tempo complacente e melancólica, ao passo que não podemos considerar o futuro sem oscilar a cada minuto entre a esperança e o temor.

O presente nos parece destituído de realidade, visto que ele é a passagem de um passado que já não existe a um futuro que não existe ainda. No entanto, nunca saímos do presente. E é por isso que nosso ser é miserável e precário. É no presente que sentimos a fragilidade da vida, que nada possui porque ela abandona, com o passado, todos os bens que acreditava ter adquirido e que a perseguem como fantasmas, mas que já está debruçada sobre o futuro com todas as forças de um desejo que sempre renasce e sempre se decepciona.

5. O passado

É a indestrutibilidade do passado o que dá à vida seu caráter de seriedade. Se ele não deixasse em nós nenhum traço, viveríamos numa espécie de instantaneidade, sem lembrança nem desígnio. Se pudéssemos aboli-lo por um ato da vontade, viveríamos numa espécie de instabilidade, fazendo, a cada momento, novas tentativas que logo voltaríamos a mergulhar no nada. No entanto, o passado se conserva por inteiro no presente: é constituído pelas diferentes camadas geológicas que sustentam, juntas, o próprio solo no qual caminhamos.

O passado tem para nós um caráter profundo, venerável e sagrado. Atravessou outrora o presente e agora o sustenta sem ser afetado por ele; enraíza nossa vida na eternidade. A antiguidade, a tradição ou simplesmente a velhice suscitaram o sentimento de respeito, que é sempre um respeito diante do ser cumprido: já não é ao vivo que ele se dirige; se ele pereceu, se está prestes a perecer, adquire a majestade das coisas imperecíveis. É por estar inutilizado e não estar sujeito ao uso material que o passado se torna um valor em si, fora de qualquer comparação com nossas necessidades. Todo acontecimento se enobrece na lembrança, que dele só deixa subsistir a ideia, isto é, a significação pura.

Pode ocorrer, no entanto, que o passado produza em nós dois efeitos opostos. O passado pode acumular-se no espírito e preencher pouco a pouco sua capacidade, de modo que o espírito receba do universo apenas um toque cada vez menos viva e um influxo cada vez menos abundante. Mas pode também dilatá-lo, torná--lo mais maleável e escavá-lo, de tal modo que o real não pare de penetrá-lo por caminhos cada vez mais numerosos e profundos.

O passado jamais pode bastar-nos; é até verdadeiro que cada um tende a apagar de sua vida seu próprio passado, a renascer todos os dias com um coração novo. Por isso, o mundo da lembrança me parece por vezes um espetáculo curioso que se oferece de fora à minha atenção, que pode surpreender-me, regozijar-me ou desagradar-me, sem, no entanto, me pertencer muito mais que o mundo material em que meu olhar se espraia. O que me aconteceu, mas que esqueci, e que outros, no entanto, testemunharam e guardaram na memória, ainda é meu? Não existirá um ponto no qual acabo por confundir os acontecimentos que ocorreram comigo com os que teriam podido ocorrer ou ocorreram com outros? E será que o amor-próprio não intervém, sem que a consciência se aperceba, tanto para renegar uma lembrança que me pesa quanto para reivindicar uma ação que não realizei e na qual minha imaginação se deleitou por demasiado tempo?

6. O futuro

O futuro nos comove mais que o passado, e, para muitos homens, basta que o acontecimento esteja realizado para que pare de tocá-los. Eles se extenuam, assim, na busca de um objeto cuja presença lhes será indiferente. Nada lhes desperta mais amor do que a angústia daquilo que ainda não existe; e ela só termina para lhes dar a decepção do que existe. Só experimentam sua força nas trevas do desejo; e ela se desvanece quando este precisa sustentar a luz da posse.

Sempre nos parece que o futuro há de nos revelar algo que dará a nosso destino e ao do mundo tanto seu sentido quanto seu desenlace. Existe no fundo de todos os homens um messianismo que é sobretudo uma fuga para fora do presente: muitos deles se assemelham àqueles judeus que consomem sua vida fugindo primeiro pelo pensamento para o passado dos profetas, a fim de fugir depois pela esperança para um futuro que realiza as profecias.

Existe sem dúvida um futuro do universo que se impõe a nós apesar de nós e cujo advento aguardamos com um sentimento de esperança, de temor e de resignação; mas existe um futuro do qual nos é dado dispor, no qual nossa liberdade está envolvida e que nos permite inscrever nossa marca no real. Sucede porém que não se deve submetê-lo de antemão a um desígnio rigoroso demais; ele deve situar-se naquele futuro do universo que escapa a nosso controle: é preciso pô-lo em harmonia com ele.

Existem homens que preparam desde muito antes todos os acontecimentos de sua vida. Algumas vezes o destino lhes é propício e confirma a segurança de seus cálculos. Sua sabedoria, porém, jamais está bastante prevenida. Ao estabelecer cedo demais o plano que pretendem impor à sua vida, recusam antecipadamente mil possibilidades que lhes serão oferecidas: a opção que quiseram fazer lhes dará menos satisfação que a humilde aceitação do que lhes era proposto. A cada dia oportunidades inesperadas de agir aparecem em nosso caminho; a cada dia, também, novos bens que não imaginávamos são postos ao nosso alcance. Para ter uma vida mais regrada, será preciso passar ao largo deles sem vê-los, perpetuar cegamente a resolução incerta adotada uma vez e que, desde então, talvez não tenha sido reexaminada? Afinal, posso ter-me enganado: um arrependimento pode surgir em mim no momento em que minha vida termina, quer eu tenha o objeto que almejei por tanto tempo, quer ele me falte.

Se, ao contrário, não parei de viver no presente, atento a todas as solicitações dirigidas a mim e pronto para responder a elas, cada uma das minhas ações me basta e traz em si mesma sua própria razão. Nenhuma delas é um meio para alcançar uma finalidade distante, sempre passível de me escapar ou de me decepcionar. Não adio o viver. Tudo o que me acontece me oferece a posse mais atual e mais plena da vida. Não é quem mais pensa no futuro que mais o salvaguarda, e sim quem mais se desinteressa dele para consagrar ao presente todas as suas forças: os frutos da colheita sempre superam, em sabor e em beleza, a arte e a previdência do jardineiro mais habilidoso.

7. O ritmo do pensamento

A atividade perfeita possui um ritmo natural, desenvolto e forte que é importante reconhecer, a fim de obedecer a ele. No entanto, cada um de nós cria o ritmo de sua própria duração. Descartes tem razão em querer evitar a precipitação, que é um excesso de movimento, e a prevenção, que é um excesso de inércia. Não se deve ser apressado, mas também não se deve ser lento. E é preciso opor à lentidão, assim como à pressa, o movimento regular e ordenado que leva todas as coisas à maturidade. Quase todos os homens estragam o que fazem porque não encontraram esse compasso da atividade que é exatamente proporcional ao gênio deles e que lhe permite dar todo o seu fruto. Um espírito que tem excesso de prontidão corre o risco de imaginar, em vez de compreender; cede ao impulso, em vez de esperar a graça. Já o espírito demasiado lento não capta o fulgor da luz no momento em que ele se manifesta, e ainda o procura depois que ele passou. Deixa escapar a ocasião de agir e não a encontra mais.

De fato, existem espíritos dotados de excesso de movimento. E outros que não o têm suficientemente. Os primeiros passam de uma ideia à outra com muita rapidez: neles, porém, elas não deixam traço algum, e eles jamais se apossam dela. Os outros têm mais estabilidade: falha-lhes, no entanto, a maleabilidade que se molda sucessivamente às formas cambiantes do real. Nem uns nem outros estão afinados com a ordem natural. Uns são arrastados pelo tempo; os outros resistem a seu decurso. Estes se ligam mais ao ser, e aqueles a seus modos. No entanto, o ser não pode estar separado dos modos, e o espírito não deve permanecer imóvel nem tornar-se um lugar de passagem para estados evanescentes.

Cabe ao espírito regular a sequência de suas operações. Se elas são demasiado frequentes ou demasiado raras, é porque o próprio pulso de nossa existência bate com muita força ou muito devagar. Nossa atenção é impedida por um abalo excessivo, assim como por um excesso de inércia. Torna-se incapaz de encontrar seu justo equilíbrio e de imprimir ao nosso pensamento sua *démarche* regular.

É preciso que saibamos desprender-nos o suficiente de toda complacência ou de toda impaciência, para remediar a marcha desigual de nossa duração própria e desempenhar exatamente o nosso papel na própria duração do Todo. Só é possível sentir em si mesmo uma perfeita plenitude do ser e da vida quando nenhum intervalo se insinua entre a ordem de nossos pensamentos e a dos acontecimentos. Só mantemos contato com o real se sabemos reconhecer o instante propício em que as coisas vêm oferecer-se por si mesmas ao nosso espírito e pedir-lhe que as acolha. Caso contrário este último permanece vazio e, segundo seu ritmo – demasiado tardio ou demasiado abrupto –, só capta sombras de que o corpo escapou, ou quimeras que nunca tiveram corpo.

8. O ritmo dos acontecimentos

Para que o tempo já não retenha nosso olhar nem possa distrair-nos, preocupar-nos ou entristecer-nos, é preciso que saibamos reconhecer o ritmo dos acontecimentos e responder a ele. Parece então que nos deixamos carregar pelo tempo, assim como o barco que não é atrasado por seu peso nem impelido pelo esforço dos remos; isso é indício de que governamos o barco com precisão. No entanto, quase todos os homens gostariam de regular a corrente. Para uns, o tempo passa rápido demais e, para outros, vagarosamente demais. Mas tanto uns como outros o sentem passar, o que é demasiado excessivo: a perfeita inocência, assim como a perfeita ciência, reside em reconhecer seu jogo e acordar o nosso com o dele. Contudo, sempre buscamos reter o curso do tempo ou precipitá-lo. E pensamos que esse poder nos pertence, visto que nossa liberdade consiste na arte de desacelerar ou acelerar nossos movimentos.

Mas nós não dispomos do tempo: ele dispõe de nós. Sua ordem se impõe a nós com inflexível rigor. Existe um ritmo do tempo que é independente de nós, pois que nos queixamos sempre de que ele adia o desejo, ou a ele se antecipa: assim que nossa vida consente em segui-lo, evitamos todos os males provocados pelo tédio ou pela impaciência. Quem soube harmonizar o ritmo de sua própria vida com o ritmo do universo já penetrou a eternidade.

A dificuldade para todos os homens, no entanto, é ajustar o movimento de sua imaginação ao dos acontecimentos. Todo empreendimento do espírito que para cedo demais ou não para cedo o suficiente é um engano ou um erro. Não apenas não se deve deixar passar a ocasião de agir, como não se deve abandoná-la enquanto ainda contém alguma promessa: caso contrário não haveria continuidade em nossos desígnios. É preciso deixá-la assim que fenece, assim que uma nova ocasião nos estende seu chamado. Parece por vezes que pomos em jogo todo o nosso destino numa única ocasião, mas não permanecemos prisioneiros de nenhuma delas; outras se apresentam todos os dias e nos propõem um novo destino.

É próprio do sábio ater-se ao acontecimento com todas as forças da atenção e da vontade – pois ele sabe muito bem que no acontecimento a totalidade do ser lhe é dada –, não preferir ao acontecimento os fantasmas que o desejo e a nostalgia não param de lhe apresentar, discernir o ritmo do tempo e obedecer-lhe com um consentimento alegre e tranquilo, aproveitar com reconhecimento tudo o que o tempo lhe proporciona e responder a todos os chamados da ocasião e a todos os toques da inspiração com perfeita docilidade.

9. Evasão do presente

Sente-se tédio diante do presente, deseja-se languidamente uma situação na qual não se está e que também aborrecerá quando nela se estiver, tal como a outra. Esta, por sua vez, será objeto de nostalgia, já que verdadeiramente a imaginação se nutre do irreal, do passado ou do futuro, ao passo que o presente é o baluarte austero de um pensamento forte, a coluna do espírito.

Buscamos sempre escapar do presente, porque nos falta coragem para sustentá-lo. É porque está diante dos nossos olhos que dele desviamos o olhar. É porque solicita nossa atenção que, para nos livrarmos dele, recorremos a todas as potências do sonho. Só começa a nos interessar a partir do momento em que pressentimos que lembrá-lo nos será agradável. E os acontecimentos mais familiares – aqueles dos quais outrora nada soubemos extrair e que, enquanto ocorriam, suscitavam em nós apenas indiferença e tédio – adquirem um encanto misterioso quando já não passam de imagens para nós; é que eles passam a nos dar um meio de nos evadirmos do presente e porque já não nos sentimos ameaçados de revivê-los.

Por vezes o passado serve para nos consolar da imperfeição de nossa conduta atual, ao nos reapresentar antigos sucessos que nos tranquilizam em relação ao que valemos: essa comparação, no entanto, não basta para nos iludir e nos deixa muita amargura. Também acontece, quando as recordações me mostram um espetáculo distante demais de minha vida presente, que eu hesite em reconhecê-las como minhas: nelas eu me procuro e nelas também, contudo, me retiro de mim. Outras vezes, por fim, quando elas têm força demais ou doçura demais, é o próprio presente que considero como um sonho.

Mas também me evado do presente pela espera do futuro. Há pessoas que esperam a vida inteira um futuro em que poderão, enfim, começar a viver: ora, esse futuro não ocorrerá jamais. Seu pensamento sempre se adianta ao que não existe, mas é impotente diante do que existe. Elas se assemelham ao prisioneiro que só vive da esperança de uma liberdade que talvez jamais lhe seja dada, ou que talvez ele jamais saiba empregar. Para elas, no entanto, a morte sempre sobrevém no período de espera; elas só têm atrás de si, então, uma existência vazia. É que, como esperavam para viver, só esperavam para morrer. Entre o sofrimento que um momento do tempo nos proporciona e a felicidade que outro momento nos promete, existe uma diferença de grau que não raro é ilusória. Mas entre o presente do ser e o nada da espera há o infinito.

Já outras pessoas têm uma pressa febril de viver, de encerrar no presente, de uma só vez, todo o futuro que lhes é reservado: seu coração é tão ardente quanto o dos outros é langoroso. No entanto, o presente deve bastar-nos e preencher-nos, pois nele o Ser inteiro se encontra. O futuro não nos proporcionará nada novo que o presente já não contenha, se formos capazes de descobri-lo no presente; é inútil, portanto, querer adivinhá-lo, deleitar-se nele pelo sonho, esforçar-se para alcançá-lo correndo.

Quem está unido a Deus não conhece pressa nem impaciência; quaisquer que sejam as tristezas que o instante proporciona, sabe ficar no lugar que lhe é designado pela ordem da natureza. Mede a extensão de sua tarefa atual, ama sua humildade, aplica a ela sua vontade e em seus limites faz caber o ilimitado. É neles que experimenta as grandes alegrias de ser, de ver, de agir e de amar.

10. O ato de presença

Nossa atividade adquire potência e alegria quando se atém ao presente e não se deixa reter por nenhuma nostalgia e por nenhum pensamento subjacente, por nenhum interesse e por nenhuma preocupação de sucesso. E, se o passado é a atmosfera que ilumina nossa vida, se o futuro lhe traz todas as promessas da esperança, é na graça do presente que o primeiro deve fazer-nos sentir sua luz e o outro seu impulso.

Mas a ligação com o presente não pode ser mantida apenas por um ato constante da inteligência e da vontade. Pois é preciso que nos tornemos presentes às coisas para que elas se tornem presentes a nós; mas com frequência nossa atividade é falha: embora o ser nos esteja presente de maneira perpétua, nós só lhe estamos presentes de maneira intermitente. Toda presença é uma presença de espírito. Ora, é próprio do espírito estar primeiramente presente a si mesmo, isto é, à luz que ele recebe: pode faltar a ela, mas ela jamais lhe falta.

O homem mais perfeito é o que está mais simplesmente presente a tudo o que ele faz e a tudo o que ele é. E a ação exercida, ele a exerce por sua simples presença e sem buscar produzi-la: assim, é por uma simples ação de presença que a alma está unida ao corpo e que Deus está unido à alma.

A juventude permanece sempre no presente: ao permanecermos ligados ao presente, mantemos uma juventude soberana. O imoralista[1] diz com muita delicadeza: "Não gosto de olhar para trás e abandono ao longe meu passado, assim como, para voar, o pássaro abandona sua sombra." No entanto, a mais bela imagem do abandono em que devemos deixar nosso passado é o maná israelita, que estragava quando se tentava guardá-lo. Nada separa mais dois seres que se encontram pela primeira vez do que o abismo misterioso de seus respectivos passados. Acontece até, quando meu amigo me conta seu passado que ignoro, que eu me sinta cada vez mais distante dele, enquanto ele acredita aproximar-se cada vez mais de mim. Só posso sentir-me unido a um ser por um ato de presença total dele para comigo, e de mim para com ele, no qual nosso duplo passado seja a um só tempo superado e renegado.

No entanto, se a presença corporal é um sinal da presença espiritual, esta última é a presença real: produzi-la depende

---

[1] Referência à obra *L'Immoraliste* [O Imoralista], de André Gide. (N.T.)

sempre de nós. A ausência por vezes a favorece: só extingue os sentimentos quando estes não são suficientemente fortes para prescindir de um suporte sensível. De outro modo, aguça-os e espiritualiza-os; desprende-os das amarras que os retinham; revela-nos sua força e sua pureza.

É que a presença espiritual obriga nosso espírito a empregar, para criá-la, todas as suas potências de atenção e de amor, ao passo que a presença corpórea as retêm, porque nos tranquiliza quanto à sua própria realidade. Assim, essa presença dada parece dispensar-nos de nos dar a outra.

11. Abolição do tempo

A alegria, um grande pensamento, um interesse exclusivo, tudo o que, na vida, tem o caráter do absoluto suspende o decurso do tempo. Quem realiza seu destino e se sente no mesmo plano do ser e da vida é sempre preenchido pelo presente. O tempo só leva coisas imperfeitas e inacabadas que são incapazes de subsistir e de se bastar, como o desejo, o esforço e a tristeza. E, ao abandonar o presente, nosso pensamento não mostra senão sua fraqueza e sua impotência.

Enquanto eu me aplico por inteiro ao objeto que me ocupa, enquanto não me separo dele, todo o restante à minha volta pode desenrolar-se no tempo: minha consciência, no entanto, subtrair-se-á a isso. E, se se pretende que, necessariamente, ela se exerce no tempo e que o espetáculo ao qual ela assiste também se desenrola no tempo, ao menos enquanto ela se atém a ele o intervalo entre o ritmo de sua própria duração e o ritmo do acontecimento deve desaparecer. Desse modo, como ela poderia ter a sensação do próprio tempo em que vive? Pois o tempo é uma criação da consciência, e, se julgais que vivo no tempo quando eu próprio deixo de saber disso, o tempo no qual vivo é o vosso, e não o meu.

A velocidade material é um esforço rumo à supressão do tempo; se ela nos seduz a este ponto, não é apenas porque nos permite fazer mais coisas caber no mesmo tempo, mas porque nos aproxima desse estado, que é o da contemplação perfeita, no qual poderíamos abraçar num único instante a totalidade das coisas. Esse é o ponto de Pascal, "que preenche tudo", porque dotado de velocidade infinita.

Inventamos métodos sutis para ir mais rapidamente de um lugar a outro, para ver desfilar diante de nossos olhos, em um tempo cada vez mais curto, um número cada vez maior de imagens. Sucede porém que o pensamento não seguiu o mesmo ritmo: talvez se tenha até desacelerado. Confia no ritmo precipitado em que as coisas atualmente se desenrolam diante dele, e, nessa espécie de submissão, os sentidos podem ainda ser sacudidos, mas ele próprio se torna indiferente e inerte.

É próprio de uma atividade perfeita abolir o tempo, em vez de precipitar seu curso. Viver sempre no presente é permanecer em contato com a mesma realidade eterna, é recusar-se a parar, seja para antecipar o que está diante de nós, seja para reter o que está atrás de nós. Pois é preciso parar de agir para que o passado e o futuro surjam de repente, opondo-se; eles não fazem mais que arrancar-nos do presente; transformam nossa vida inteira numa fuga ávida e desesperada na qual nos reconhecemos incapazes de possuir o que quer que seja. E esse movimento tão rápido, pelo qual deixamos todos os objetos que se oferecem a nós sucessivamente, nos dá uma espécie de febre que nos mantém longe da posse.

O amor da novidade é um sinal de frivolidade, o amor da permanência é um sinal de profundidade. Mas é preciso ter um espírito singularmente forte para ater-se a uma realidade que é sempre idêntica a si mesma e para ser capaz de reconhecê-la e amá-la por trás de todas as formas transitórias que ela não para de nos mostrar, sem se deixar arrastar e seduzir por elas. Quem vive na mudança está sempre dividido de si mesmo, sempre pleno de temor e de nostalgia; quem vive num presente imóvel está sempre concentrado e unificado. Só este último é capaz de conhecer a alegria verdadeira. O desejo e a insatisfação criam o tempo: o sábio o esquece porque o presente lhe basta; o santo o ultrapassa porque o presente lhe dá a eternidade.

11. A MORTE

1. Meditação sobre a morte

É impossível estabelecer a menor separação entre a meditação sobre a vida, aconselhada por Espinosa – para quem a meditação sobre a morte é sinal de nossa impotência – e a meditação sobre a morte, aconselhada por Platão – para quem é esta última a verdadeira meditação sobre a vida. De fato, a vida e a morte formam um par: só têm sentido porque se opõem; e o contrário da vida não é o nada, e sim a morte. É a ideia da morte – isto é, de uma vida que termina – que confere ao sentimento da vida sua extraordinária acuidade, sua infinita potência de emoção. Assim que a ideia da morte se distancia, a vida já não passa, para nós, de um hábito ou de uma distração: só a presença da morte nos obriga a olhá-la face a face. Quem se desvia da morte a fim de melhor desfrutar da vida se desvia também da vida e, para melhor esquecer a morte, esquece a morte e a vida.

É porque nossa vida que recomeça todas as manhãs se conclui com a morte e jamais recomeça de novo que ela constitui, para nós, um absoluto; é preciso esgotá-la em uma única vez. E a dimensão trágica da vida aumenta quando se pensa que ela recomeça indefinidamente, porém num mundo do qual estamos ausentes: no que nos diz respeito, os dados estão lançados de uma vez por todas; se nos enganamos, é para sempre.

O nascimento, que limita nossa vida na outra ponta, não tem para nós uma presença tão aguda: pois abre nosso destino para uma promessa, enquanto a morte a fecha numa consumação. Poder-se-á até dizer que estamos presentes ao nosso nascimento, que nos propõe – mais que nos dá – a existência, e que a remergulha, atrás, em trevas imensas? É o destino de todo ser germinar na obscuridade, como o grão de trigo, e morrer na luz. Só estamos plenamente presentes a nós mesmos no dia de nossa morte, quando já não podemos acrescentar nada ao nosso ser realizado, quando o universo, ao nos recolher, nos entrega, enfim, a nós mesmos.

No entanto, se a morte ilumina o sentido da vida, é a vida, por sua vez, que nos proporciona o aprendizado e, por assim dizer, a experiência da morte. Pois só desfruta da essência da vida quem é capaz – ao aceitar todas as mortes particulares que o tempo não para de infligir a todos os momentos de seu ser separado – de penetrar até aquela profundidade secreta da qual todos os espíritos haurem o alimento que os imortaliza.

Quando um ser renunciou a si próprio, a morte não tem poder sobre ele. Longe de buscar reter alguma coisa para além da morte, longe de ter a ambição de possuir o que quer que seja, mesmo nesta vida, ele não para de realizar, desde já, a doação perpétua de si mesmo.

A meditação sobre a morte, ao nos obrigar a perceber nossos limites, obriga-nos a ultrapassá-los. Revela-nos a universalidade do Ser e sua transcendência com relação a nosso ser individual. Assim, abre-nos acesso não para uma vida futura, que preservaria um caráter sempre provisório, mas para uma vida sobrenatural, que penetra e banha nossa vida manifesta: não se trata, para nós, de adiá-la nem mesmo de prepará-la, mas, a partir de hoje, de adentrá-la.

2. *O medo da morte*

O medo da morte é antes de tudo um tremor do corpo, que já desmorona ao pensar no golpe que o aniquilará. Mas é sobretudo a dor extrema do amor-próprio, que não aceita sofrer uma perda qualquer, abandonar tudo o que acredita possuir, todos os bens, todas as alegrias e até o alimento e a luz do dia, mas se sente forçado a sucumbir; não a renunciar ao objeto do desejo, mas ao próprio desejo.

O consentimento à morte é por vezes efeito de um esgotamento da vida e do amor que o vivente tem por ela. Assim, quem centra seu pensamento na miséria de sua existência temporal chega a encarar a morte com firmeza; mas é por covardia, não por coragem.

Sente até certo desejo de morte, que é o ponto extremo da preguiça: é o desejo de paz material. Mas mesmo esta última só é capaz de nos seduzir porque é o símbolo da paz do espírito, que é o contrário da inércia, que é o estado de uma atividade que desfruta de seu puro exercício.

Observa-se, por outro lado, uma indiferença com relação à morte em todos os que têm confiança na vida, e uma angústia da morte em todos os que amaldiçoam a vida. Os primeiros, dedicados à ação e à alegria, não têm tempo para pensar na morte. Imaginam facilmente que ela será boa para eles, assim como a vida o é. Os outros, cuja vida é vazia, preenchem-na com o temor. É conforme à ordem que eles estendam suas suspeitas igualmente à morte, à vida e àquele vasto sistema das coisas no qual elas se associam.

Quem ama a vida, quem desfruta de sua essência, quem sabe que ela sempre se entrega a ele por inteiro, mas não para de lhe revelar continuamente novos aspectos de si mesma, não teme a morte, porque tem da vida uma posse tão perfeita, que se sente capaz de levá-la consigo até as estrelas. Mas quem odeia a vida porque acredita nada haver recebido dela, teme a morte porque sabe que ela deve fixar seu estado pela eternidade: prefere continuar a gemer e a esperar.

Se soubéssemos que nossa morte ocorreria com certeza num dia determinado, em vez de parecer sempre possível e inevitável, será que continuaríamos a temê-la? Seria preciso acabar por se preparar para ela e aceitá-la. Mas, se a hora é incerta, o acontecimento é incerto: a morte adere de tal modo à vida, que é preciso dar a uma e a outra um único consentimento. Só quem conhecesse antecipadamente o termo de sua vida viveria até então com uma espécie de segurança; adiaria o exame interior, os pensamentos e as resoluções espirituais que dariam a cada uma de nossas ações um valor absoluto, se pudéssemos realizá-la pensando que é a última.

Se tememos a morte, é porque, ao sentir que nossa vida é um vazio por preencher, tememos sempre não ter sido bem-sucedidos e pedimos sempre uma moratória para acrescentar o que falta. Mas esse é um efeito do amor-próprio. Pois a vida é um molde que nos cabe preencher; mas não sabemos qual é seu tamanho. Quem leva a bom termo a tarefa de cada dia deve sempre estar pronto para ver o molde romper-se e a estátua aparecer. Quem teme a morte quer guardar eternamente um molde no qual não soube colocar nada: não quer ver a estátua sair.

3. A proximidade da morte

De perto a morte nos enche de horror porque degrada o corpo e o transforma num espetáculo que nos humilha; de longe, torna-se grave e poética porque adquiriu ela própria uma espécie de imortalidade, que proporciona belos temas à imaginação, desprende a vida de suas sujidades e, enfim, pela memória, povoa o nada. As carnes que há pouco apodreciam se fundiram em cinzas.

O pensamento da morte é trágico e doloroso para quem, ainda voltado para a vida, se debate e luta para mantê-la. É a maior de todas as angústias para quem não renunciou à vida, não a esgotou, mal a provou e sente sua impotência para impedi-la de fugir. O temor de tal passagem nos faz por vezes desejar uma morte brusca que nos prive da possibilidade da reflexão e se assemelhe a um sequestrador que nos leva de súbito.

São as naturezas mais delicadas as que desejam uma morte lenta, para a qual é possível preparar-se e na qual a vida se desata progressivamente. Mas melhor ainda é que a vida tenha sabido adquirir, muito tempo antes, uma espécie de íntima familiaridade com a morte. Para quem penetrou a ideia da morte e se preparou para passar por ela, o momento em que ela se apresenta se configura como um pequeno acontecimento, que se reveste de uma espécie de simplicidade tranquila: a morte é um apaziguamento.

Quando nós mesmos estamos próximos da morte, o amor-próprio antes de tudo dá à sensibilidade um batimento precipitado.

Mas, se estamos livres do amor-próprio, jamais entra em nosso pensamento tanta luz, jamais ele tem um movimento mais regular e mais ágil. A presença da morte nos faz ver tudo em sua dimensão mais verdadeira porque nos libera de todo interesse. Revela-nos nossos pensamentos verdadeiros, isto é, os que se encontravam em nós sem que estivéssemos claramente conscientes deles e que nos assombramos de não ter sabido tornar mais visíveis.

Assim, no momento em que se acredita deixá-la, a vida pode assumir uma doçura luminosa. Mas como essa doçura deixaria em nossa alma alguma nostalgia? Ela é uma dádiva que a morte – quando parece iminente – oferece à vida; é ela que despoja os acontecimentos da vida do caráter contraído e doloroso que tinham para nós enquanto se desdobravam e os transforma num puro espetáculo carregado de significação. E é esse mesmo espetáculo que levamos para a morte.

4. As relações com os mortos

Preocupamo-nos em demasia com os mortos. Devemos buscar nossa salvação e a dos que vivem à nossa volta: a salvação dos mortos já não nos incumbe; mais ainda, existe neles um sono que não temos o direito de perturbar. Basta que o que neles havia de vivo ainda esteja vivo em nós: nas partes eternas de nossa natureza, não somos apenas seus herdeiros, constituímos algo uno com eles. Mas não se deve honrar neles aquela forma separada que ainda mantém uma aparência humana e se desintegra assim que a tocamos. Não nos disponhamos a comparar com suas cinzas o que em nós mesmos já é cinza e há de se juntar à deles.

Não se deve, ao honrar nos mortos os mortos que seremos um dia, prestar uma sutil homenagem aos vivos que somos. Honramos os mortos porque sua vida, doravante fixada, entrou no círculo das realidades eternas. Quando os vemos subtraídos à agitação dos vivos, inclinamo-nos diante de sua imóvel majestade. Não pode haver glória, portanto, senão para eles: pois os vivos continuam no devir; não se sabe para onde tende sua ação atual, e seu passado parece sempre poder ser desfeito. Enquanto lhes restar o sopro, ainda têm tempo e poder para destruir todos os seus méritos. Até nos vivos só se pode honrar o que nenhum gesto futuro parece capaz de alterar: honrá-los é já transformá-los em mortos.

Por vezes quem honra os mortos os inveja. Invejar os mortos é querer injustamente experimentar o repouso antes que sua própria tarefa esteja terminada. É querer desfrutar de sua imobilidade com a consciência móvel de um homem vivo. Dir-se-á talvez que esse amor da imobilidade é o amor da existência em toda a sua pureza, desprendida de tudo o que a ela se associa de perecível. Mais ainda que a imobilidade, porém, o que se inveja é sua glória e todas as homenagens pelas quais eles sobrevivem.

Ao honrar os mortos, alguns pensam defender-se da lembrança deles, que os perturba; mas os mortos nos deixam tranquilos se realizamos com inocência nossa tarefa presente. Agitam nosso sono e paralisam nossa atividade se nos deixamos atormentar pelo remorso de um passado irreparável; iluminam e apoiam nossa caminhada se sabemos associá-los à realização de nosso destino. Os homens mais piedosos abrigam os mortos no pensamento como numa sepultura viva; têm com eles uma relação espiritual em que sua própria consciência se amplia, se ilumina e se purifica.

Embora a morte fixe nossa natureza pela eternidade, ela nada guarda de tudo o que, em nossa natureza, era perecível e só tinha uma existência momentânea. As homenagens prestadas aos mortos só têm sentido porque a morte os despojou de todas as suas fraquezas. A lembrança deve imitá-la; mas nem sempre o consegue.

Dos mortos, então, é menos a lembrança que a ideia o que devemos honrar. Pois a lembrança lhes preserva uma fisionomia individual e material; se detém ainda em seus enganos e erros. Mas a ideia vive em nós e nos anima. Deles deixa subsistir apenas aqueles traços da natureza humana que lhes são comuns conosco, dos quais eles forneceram durante alguns anos uma encarnação única e privilegiada. Assim os mortos podem tornar-se verdadeiramente presentes em nós, nas melhores e mais vivas partes de nosso ser. A ideia que temos deles está destinada a criar uma filiação entre eles e nós: desperta então em nós uma luz sutil, uma vontade de agir eficaz. Não nos condena a esquecer seu rosto: esse rosto é apenas purificado e embelezado; oferece aos nossos olhos, em forma espiritual, um dos aspectos eternos do rosto da humanidade.

5. Morte e presença espiritual

A vida espiritual é uma vitória de todos os instantes contra a morte; torna-nos indiferentes a essa morte de todos os instantes que é a mudança; em todos os instantes produz em nós um novo nascimento. Viver espiritualmente é viver como se devêssemos morrer daqui a pouco, é já morrer para a vida do corpo, é adentrar, nesta vida, a eternidade.

A morte, ao destruir a vida do corpo, abole o espetáculo visível que damos de nós mesmos aos outros homens. Mas permite àqueles que nos amam realizar nossa presença espiritual no segredo de sua consciência, por um ato interior que depende apenas de seu amor. Mesmo quando vivíamos entre eles, não residia nisso, para eles, nossa única presença real? A presença corpórea era seu indício e seu instrumento; mas servia tanto para impedi-la quanto para produzi-la. Só nos dava tanta alegria porque era para nós uma espécie de segurança. No entanto, uma presença jamais pode ser dada: só existe a presença que damos a nós mesmos. Assim, por vezes a presença material separa os seres mais que a ausência, ao dispensá-los – como se ela pudesse bastar para contentá-los – de realizar aquela presença interior que é a obra do espírito puro.

Em contrapartida, acontece também que a morte seja capaz, ao destruir o ser de espetáculo que sempre somos para alguém, de nos tornar mais presentes a seu pensamento do que éramos em vida. Revela-nos a essência dos seres com os quais vivemos muito tempo, mas sem notá-los. Revela tudo o que devíamos a eles, tudo o que não fizemos por eles, tudo o que poderíamos ter extraído deles e que eles nos ofereciam, mas que não quisemos acolher. Não é preciso, então – dado que a morte nos impede agora de mostrar-nos, e dado que nos liberta da distração e do amor-próprio –, que ela nos torne, quando chega a nossa vez, perfeitamente interiores a nós mesmos? Em vez de mergulhar nossa vida nas trevas, a morte envolve-a numa luz sobrenatural.

Depois de uma ausência longa e dolorosa, a ideia de retorno é um estímulo benfazejo, e o retorno em si, a mais doce das consolações: é preciso ter estado separado por muito tempo para desfrutar tanto da separação quanto da reunião. Mas a morte leva esses sentimentos até o absoluto: pois a vida nos separa do Ser total e a morte nos reúne a ele. Parece, sem dúvida, que também a morte nos separa dos seres que amamos: mas sentíamos, no entanto, que o corpo já nos separava deles. E, visto que, na ausência material, chegamos por vezes a desfrutar mais perfeitamente de sua presença espiritual do que quando seu corpo estava conosco, a morte é o único meio de que o espírito dispõe para realizar sempre a perfeição da presença pela perfeição da ausência.

6. A morte cura o desejo

A ideia da morte modera e humilha todas as ambições inerentes à vida; é impossível que, numa duração tão curta, possamos satisfazê-las a todas, visto que não param de se multiplicar, nem esgotar nenhuma, visto que cada uma não para de se renovar e crescer. Por isso, a morte, em vez de nos desesperar da vida, leva-nos a mudar seu sentido. Deve desviar-nos daquela diversidade de desejos que nos arrastam para uma miragem impossível de alcançar. De fato, nenhum objeto finito pode dar-nos verdadeiro contentamento. Nem sequer nos seduziria sem o tempo, no qual a posse prometida recua indefinidamente. A morte tem o privilégio de levar nosso olhar dos modos transitórios da vida para sua essência atual, e de nos convidar a desfrutar, no presente, de sua plenitude e de sua unidade.

Dado que a morte retira ao desejo seu dia seguinte e nos impede de continuar a identificar nosso destino com um progresso, ensina-nos forçosamente a pensar que não é a viagem que fazemos nem as etapas que percorremos o que confere à nossa vida seu sentido verdadeiro. Pois é impossível que ela corra em direção a um objetivo que, de repente, viria a faltar-lhe: a vida nos revela seu ser imperecível ao nos obrigar a abandonar todos os bens que perecem, seja a cada instante, pela transformação, que constitui uma morte contínua, seja de uma vez por todas, pela morte, que é apenas uma transformação irreversível.

A consciência está sempre na alegria se consente em desfrutar da própria eternidade da atividade que a atravessa. Ao apegar-se a vantagens particulares das quais a morte nos despoja de uma só vez, torna-se solidária com ela; é ela própria, portanto, que se mata. Ao permanecer indiferente diante delas, já nos dá a posse daquele puro movimento espiritual que deve sofrer o teste do tempo para se tornar nosso e do qual a morte só deixa subsistir a essência desobstruída.

Assim, ao romper nosso futuro, a morte nos ensina a dar ao presente um valor plenário e absoluto. Ensina-nos a exercer todas as potências de nosso ser atual, a desfrutar de todas as riquezas com uma simplicidade inocente que exclui o medo e a avareza. Quem poderia pensar que, na perfeição de uma atividade tão confiante, perderíamos por negligência algum tesouro desconhecido? Seria o passado? Mas nós o carregamos conosco por inteiro, liberto apenas dos pesares da nostalgia. Será o futuro? Mas este se tornou uma esperança preenchida que já nenhum sonho pode decepcionar. Não se deve dizer de tal atividade, portanto, que ela se reduz ao presente, e sim que se concentra no presente; ninguém pode desejar mais nada quando imagina sua própria condição como a de uma consciência capaz de participar livremente da vida eterna.

Não devemos tentar, para enaltecer a morte, considerá-la um meio, quando se deixa esta vida, de alcançar um estado que a ultrapassa: no entanto, o pensamento da morte é o meio de conhecer, desde esta vida, um estado que a morte deve confirmar e não destruir.

7. A morte realiza o indivíduo

Enquanto continuamos a viver, o universo está até certo ponto sob nossa dependência; sofre a nossa marca; pode-se até dizer que é a obra comum de todos os viventes. No momento da morte, porém, o universo os recaptura; reúne e confunde em si todos os atos de cada um.

E parece que a morte iguala todos os indivíduos, não apenas, como se diz, porque obriga todos a dar o mesmo passo, nem porque os despoja de uma vez de todas as diferenças de fortuna e opinião, e sim porque apaga aquela ruga que cada um deles havia formado por um momento na superfície do ser e que ela abole, sem deixar traços seus, num abismo de indiferença e uniformidade.

Mas isso não passa de aparência. É a vida que realiza entre os seres uma espécie de comunidade: o mesmo céu os abriga, o mesmo Sol os sustenta, o mesmo instinto os anima, eles participam das mesmas lutas, seguem caminhos que se cruzam, e o destino particular de cada um se assemelha a uma tentativa imperfeita que ainda está em formação na massa da gênese universal. É seu desenlace o que, ao interrompê-lo, num átimo o fixa. A terra que recobre os cadáveres não faz distinção entre as cinzas – mas o pensamento não confunde os mortos na mesma lembrança. E só a morte, que há pouco parecia sepultar a existência individual, é capaz de emancipá-la: permite-nos abarcar sua curva, agora concluída, descobrir seu sentido, que nos escapava enquanto ainda era possível inflecti-lo.

Para que um ser possa conquistar a independência, é preciso que esteja despojado de todo interesse temporal. Ora, os mortos se tornaram perfeitos solitários; estão imunes a toda transformação, e sobre eles nossa ação já não tem poder. Encontram-se reduzidos à sua pura essência espiritual, isto é, à própria verdade de seu ser. Todas as circunstâncias perecíveis pelas quais ela se havia formado pouco a pouco pereceram. O papel da morte não pode ser, como por vezes se acredita, proporcionar-nos uma contemplação eterna de todos os acontecimentos que vivemos: seria um destino horrível. Cada acontecimento adequava nossa atividade a uma situação passageira, ao passo que a morte abole a matéria de toda ação, a fim de extrair-lhe o sentido: assim, ela é uma libertação. Livra-nos igualmente de todos os apegos particulares e só deixa subsistir em nossa alma a intenção de nosso amor mais puro.

A morte de alguém sempre dá acesso, no universo espiritual, a uma forma de existência única e imperecível: a partir daí já não está ao alcance de ninguém aniquilá-la. Enquanto os indivíduos misturavam sua vida com a de outros indivíduos, era difícil reconhecer o que pertencia exclusivamente a cada um deles. Agora se fez a separação. A morte extrai os seres daquela espécie de comunidade natural em que a vida os retinha, para neles criar a independência pessoal, graças ao perfeito desapego que ela produz de tudo o que lhes é exterior e ao qual, por suas próprias forças, eles jamais teriam chegado.

8. A morte é um cumprimento

A morte tem um caráter de solenidade, não apenas porque abre diante de nós aquele mistério do desconhecido em que cada ser deve penetrar sozinho, nem porque leva até o último ponto a própria ideia da nossa fragilidade e da nossa miséria, mas porque suspende todos os nossos movimentos e confere a tudo o que fizemos um caráter decisivo e irreformável. Ela não é a abolição da vida: é seu cumprimento. Dá a todos os nossos atos uma gravidade eterna ao nos revelar de súbito a impossibilidade de fazê-los passar pelo menor retoque.

Assim, preparar-se para a morte é preparar-se para a vida, não porque a vida verdadeira deva ser repelida para além da morte, mas porque o pensamento da morte deve conferir a todos os atos que realizaremos, ao extraí-los das servidões do instante, uma espécie de majestade imóvel que os eleve até o absoluto e nos obrigue a contemplar antecipadamente, por assim dizer, sua significação pura. É preciso, de certa maneira, fazê-los entrar na morte para lhes dar a própria plenitude da vida. Enquanto imaginamos poder modificá-los ainda, enquanto os encaramos apenas como acontecimentos perecíveis que o tempo apagará, é impossível descobrir seu verdadeiro peso: eles só no-lo mostram no momento em que nos escapam. É a morte o que no-lo revela, ao tornar-nos atentos ao som produzido por sua queda na eternidade.

Se o sentimento da morte iminente não produz um pavor que nos paralisa, confere de súbito à nossa vida uma pureza e uma luz sobrenaturais. É que ele nos convida a olhá-la como a uma realização consumada, e já não como a um ensaio; como um quadro acabado ao qual o pintor já não poderá acrescentar nenhuma pincelada. Por acaso o pintor dirá que sua obra está morta agora que está consumada? É só agora que ela começa a viver. Já nenhuma pincelada tem aquele caráter provisório e irreal, por assim dizer, de que ela se revestia enquanto o pintor tinha o poder de apagá-la. A obra saiu de um mundo onde tudo vem a ser, para entrar num mundo onde tudo existe.

Assim, a ideia da morte já introduz nossa vida na eternidade. A morte remata, em vez de abolir. Por meio dela a vida deixa de ser uma espera e se torna uma presença realizada. Essa vida, que até então tinha sentido apenas para nós, vem ocupar um lugar no universo, como o quadro que finalmente se desprende da mão do pintor para ocupar um lugar no patrimônio da humanidade. Sucede apenas que, com a morte, o quadro deixado por cada homem, e ao qual ele dedicou sua vida inteira, é ele próprio.

9. Morte e solidão

A morte é um passo que sempre se dá sozinho. O ser que morre se recolhe na solidão e rompe todos os vínculos que o uniam ao mundo sensível. Melhor que o mais perfeito solitário, ele reduz todos os seres que amou à sua essência pura para levá-los consigo pelo pensamento e pelo amor ao mundo espiritual no qual parece que vai penetrar e no qual talvez já tivesse a felicidade de habitar. Aquele que, no momento de morrer, sente apenas um imenso dilaceramento não conheceu o mundo do qual este outro é apenas o invólucro, e a morte por si só não bastará para revelá-lo.

Melhor do que os sofrimentos do corpo, que, no entanto, carregamos solitariamente, a morte nos reduz a nossas próprias forças. E, se ela nos julga, é quanto àquela parte secreta de nós mesmos que ainda guardamos conosco quando tudo vem a faltar-nos. Já nos sofrimentos que não podem ser compartilhados, os lamentos dos que buscam consolar-nos nos fazem sentir melhor o quanto estamos separados deles. Mas isso é muito mais verdadeiro com respeito à morte. De que podem servir tantos gemidos que parecem querer reter-nos no mundo do qual estamos partindo, quando se deveria começar a formar para nós um cortejo no mundo invisível que todos os seres adentrarão um dia?

Há até duas espécies de solidão cujo extremo a morte nos revela o paroxismo: há a solidão individual de um corpo pesado de lassidão, que sucumbe sob o fardo de sua tarefa e de sua pena, cujo movimento se desacelera dolorosamente e que sente a iniciativa escapar-lhe. A vergonha de um corpo a um só tempo tão sensível e tão frágil, que, no momento em que vai parar de agir, não tem senão uma presença impotente, impele todo ser que se aproxima da morte a esconder-se num buraco a fim de acabar tranquilo e só.

No entanto, a morte consuma outra espécie de solidão. De fato, se ela nos desprende de nosso corpo, fixa com todos os outros seres, e antes de tudo com os que nos cercam em nosso leito de morte, nossas relações eternas. Ao abolir todos os obstáculos e todas as separações que a matéria nos opõe durante a vida, ela dilata e povoa nosso ser interior, assim como o faz, já nesta vida, a solidão do espírito. Esta já parecia uma morte imperfeita: afrouxava, sem desatar, o laço que nos unia ao mundo visível; já abrigava, na vida, o morto em que nos tornaríamos um dia. Assim como a solidão, a morte, ao retirar o espírito para si mesmo, em vez de entregar o ser a uma vida separada e sem defesa, permite-lhe entrar numa espécie de intimidade pura com tudo o que existe.

O homem se encontra sozinho e nu diante da morte. Mas é tal solidão e é tal nudez o que constitui sua grandeza. Ele só se apavora com elas se não as experimentou durante a vida; mas, se tal solidão e tal nudez constituíam para ele, havia muito tempo, realidades familiares, ele reconhece no momento de morrer o rosto que sua própria vida tinha para ele em suas melhores horas. Em vez de ser dilacerado pela perda de seus afetos e de sentir que eles lhe faltam, encontra-os tal como sempre os conheceu, isto é, como partes imperecíveis de seu ser espiritual; eles lhe aparecem numa luz mais transparente e mais pura no momento em que as demonstrações sensíveis que os expressavam, mas que os ocultavam, caem como vestimentas.

10. Entrar na eternidade

"Por acaso pensas", pergunta Platão na *República*, "que uma grande alma que dirige seu pensamento a todos os tempos e a todos os seres considera a vida do homem como algo importante?". É que a morte só importa para o amor-próprio, enquanto a inteligência, que dele nos desprende, abarca todo o universo e reposiciona o indivíduo numa ordem eterna.

Mas a morte nada modifica na ordem eterna. Ela só tem importância para o indivíduo. Só é dilacerante para a parte finita e mortal dos seres que morrem ou dos que são unidos a eles. Tira-lhes a fruição do que neles havia de perecível, mas de maneira tal, que a ideia de tal privação é capaz de afetá-los e não à sua realidade. Pode-se dizer também que ela remata sua existência ou a cumpre. E o medo que temos dela é uma espécie de medo de nós mesmos, um medo do ser que nos demos a nós mesmos.

Considerando a morte como um dos acontecimentos que fazem parte de nossa vida, nosso pensamento, que é seu espectador, não deve deixar-se perturbar: pois, embora o acontecimento nos advenha, não pode atingir o pensamento, que é a parte mais pura de nós mesmos. O pensamento não está sujeito ao destino transitório dos objetos que ilumina; ao contrário, não pode contemplar nada que não esteja consumado: e a morte é o único meio que lhe permite realizar a vida em si e possuí-la.

O tempo só corre para nós; ao romper nossa vida temporal, a morte parece interromper a fruição individual que tínhamos do ser eterno; mas é o contrário o que é verdadeiro: no momento em que já percorremos nossa carreira no tempo, a morte permite ao pensamento reconhecer sua unidade e lhe dá lugar na eternidade. A consciência que tínhamos de nós mesmos e a que tínhamos do Todo não param de se opor durante nossa vida: a morte as reúne.

Muitos homens se deixam seduzir pela ideia de uma perfectibilidade indefinida de nossa natureza e imaginam uma sucessão de renascimentos que permitiria à criatura caminhar para um deus que recuaria sem cessar no futuro. Mas Deus envolve em si, no presente eterno, todas as existências possíveis. É na Terra que cabe a cada ser descobrir sua vocação e realizar sua essência. Cada ser passa a vida escolhendo-se a si mesmo: mas desfruta eternamente da escolha que fez. Nem se pode dizer que ele sofre sempre por ter feito uma má escolha, pois ser privado de certas fruições que se começou por desprezar não é sofrer. No sistema das essências existe uma hierarquia; mas cada essência aí fixa por si própria o seu nível e realiza sua própria perfeição no nível que escolheu: este só lhe é revelado com certeza no momento da morte.

12. OS BENS DO ESPÍRITO

1. O espírito contém tudo

Como o espírito poderia pensar um objeto que desbordasse sua própria capacidade? Existe, portanto, igualdade entre o volume do espírito e o volume do Todo. O próprio da consciência é envolver o objeto ou abarcá-lo. Tudo o que ela pode captar deve penetrá-la. Ela não está entre as coisas, são as coisas que estão nela. Podemos pensar que elas superam um espírito finito, mas não o espírito universal, do qual ele é inseparável e do qual participa sem jamais o esgotar. A consciência pode ser comparada a um círculo de luz que se envolve progressivamente num círculo cada vez mais vasto. A ideia de um círculo que não possa ser envolvido por nenhum outro é a própria ideia do espírito universal ou da soberana verdade. É também a própria ideia do Todo; e existe a semelhança entre o Todo e nossa própria consciência de que, como não existe nada no mundo que esteja fora do Todo, nele não pode haver nada para nós que esteja fora de nossa consciência, embora ela não pare de se expandir e nossa atenção não pare de fazer nele novas descobertas.

A consciência é semelhante à aranha situada no centro de uma teia que a põe em contato, por fios muito sensíveis, com todos os pontos da periferia. O conhecimento é a teia que buscamos estender sobre a totalidade do tempo, a fim de tecê-la. Por isso, o conhecimento, que nos reúne ao Todo, dá-nos a alegria de participar de sua perfeição: a infinidade é inseparável dele, e não existe nada que, de direito, possa escapar-lhe. É até impossível termos consciência de nós quando buscamos captar nosso ser isoladamente: conhecermo-nos é inscrever-nos no Todo, é multiplicar com ele relações que nos revelam todas as nossas potências.

A consciência não é, portanto, um mundo fechado que se bastaria a si mesmo. Recebe dalhures o feixe de luz que a ilumina: mas cabe-lhe não deixar que esse feixe se perca e regular seu emprego. Faz reinar em nós a lei que reina no universo, que se volta contra nós assim que a desprezamos, e fora da qual todos os atos que realizamos são frívolos e ineficazes. Pois não existe pensamento, nem emoção, nem acontecimento que não expresse nossa ligação com o ser total e que, ao mesmo tempo, não se incorpore a nosso ser pessoal para formá-lo. Se tentamos comprimi-los na clausura do eu, nosso amor-próprio é fortalecido, nossa atividade é restringida, nossa inocência é alterada. Só a ideia de uma consciência universal e desinteressada de que somos instrumentos recoloca cada coisa em seu lugar e dilata indefinidamente nosso eu, exigindo que ele se distancie cada vez mais de seu próprio centro.

Na vida espiritual, o indivíduo deve superar-se incessantemente para que todas as suas ideias, todos os seus sentimentos, todos os seus atos não parem de associar a seu próprio destino o destino da humanidade e o do universo. Assim, quem ora diz "Pai nosso" e não "meu Pai": é que o espírito, superando todos os estados e todos os desejos da consciência separada, estende naturalmente sua atenção e seu amor à totalidade do mundo.

2. A alma e o espírito

A alma e o espírito estão sempre juntos, mas entretêm um diálogo perpétuo e jamais chegam a se confundir. A alma é individual; mas é o mesmo espírito que está presente a todas as almas. A alma é mediadora entre o corpo e o espírito; é uma espécie de corpo espiritual que permite ao espírito levar a luz até a matéria, e à matéria levar até o espírito a emoção e o frêmito.

Só a alma, portanto, é dotada de consciência; pois a consciência nasce da luta entre a carne e o espírito. E a alma pende para os dois lados, alternadamente; ora escuta todas as vozes da natureza, ora parece iluminada por uma luz sobrenatural. A consciência reside nessa oscilação que ela jamais interrompe, nessa iniciativa que a impede de fixar-se, nessa escolha que ela renova indefinidamente. O corpo não participa da consciência; está abaixo dela; é para ela apenas um objeto. Mas é a consciência que participa do espírito, e não o espírito da consciência: ele a ultrapassa; é o princípio que a ilumina; e não se pode dizer do Sol, que ilumina todo o restante, que ele próprio seja iluminado. Ora, sabemos muito bem que nossa consciência é débil e miserável, que ela não para de acolher a luz mas nunca tem abertura suficiente para deixar penetrar em si tudo o que o espírito não para de lhe oferecer. A consciência é uma espiritualidade dividida e até dilacerada; é que o espírito está muito apertado na alma em que o indivíduo o captura no interior de seus limites; mas aspira sempre a dilatá-los e a reencontrar a unidade perdida.

Por vezes então, nesse excesso, a consciência sucumbe, tal como nos movimentos da inspiração ou da graça; é que ela reúne então todos os seus efeitos até então dispersos. Esse é também o entendimento de todos os que falam da razão e que fazem dela o juiz do pensamento superior ao próprio pensamento, todos os que falam de Deus e fazem originar-se nele toda a vida que anima a consciência, mas não a turbulência em que ela se debate.

Assim como o corpo se situa no espaço, assim a alma se situa no espírito puro. E, assim como o movimento do corpo sempre nos faz descobrir novos lugares, assim o desejo da alma nos revela sem cessar novos pensamentos. Mas não é o olhar que produz a paisagem, nem a atenção que engendra a verdade. Sucede apenas que existe entre o olhar e a luz material e entre a alma e a luz espiritual uma adequação tão perfeita e uma relação tão sutil, que a alma e o olhar acabam por já não julgar-se distintos do princípio que os ilumina. Basta um pouco de obscuridade no interior ou no exterior para trazê-los de volta à humildade.

É nossa limitação e a resistência da matéria que fazem da vida da alma um combate, bem como da vida do corpo. Mas a vitória do espírito termina em contemplação: então a alma desfruta de seu repouso, que é o ponto extremo de sua atividade. Assim, a mão do artista, assim que entra em repouso, esquece as pinceladas sucessivas que inscreveu na pureza do contorno; mas então abarca este último num movimento tão desenvolto, tão firme e tão perfeito, que experimenta de súbito a alegria de uma descoberta e, ao mesmo tempo, de uma posse.

3. Carne e espírito

Nossa vida está na junção entre o corpo e o espírito. Inclina-se ora para um, ora para outro. E da escolha que ela faz depende nossa luz e nossa felicidade. Mas o corpo e o espírito se ajustam e se correspondem: cada um deles pode prolongar o impulso que toma do outro. Por vezes o pensamento exerce sua própria atividade numa espécie de deleite interior que é uma verdadeira concupiscência do espírito. Da mesma maneira, o olhar pode abraçar o mundo numa contemplação tão pura e tão desinteressada, que parece quase imaterial.

A vida é um movimento que deve fazer-nos passar gradativamente da inocência do instinto à inocência do espírito. Para isso, porém, é preciso que a reflexão libere em nós uma potência de iniciativa que possa engendrar todas as curiosidades e todas as perversões da inteligência e da carne, antes de desembocar numa atividade que a ultrapasse e na qual há de consentir. A consciência rompe a unidade da vida. Enquanto essa unidade permanece rompida, nós nos comprazemos nos meandros infinitos da análise interior, desdobrando sempre uma vez mais o que o primeiro ato da reflexão já havia desdobrado: e esse é um jogo que não para de agudizar nosso amor-próprio. Mas esse desdobramento deve conduzir-nos a uma unidade mais perfeita; ao ultrapassar a si mesmo, o amor-próprio deve possibilitar-nos a descoberta, em nós, de um ser espiritual que, pelo conhecimento e pelo amor, é capaz de se unir a tudo o que existe.

Assim, há em nós uma espontaneidade egoísta e carnal que a vontade tem o papel de refrear, e uma espontaneidade espiritual e divina diante da qual a vontade deve apagar-se. De fato, a ação da vontade é a um só tempo muito poderosa e muito modesta:

consiste em opor um obstáculo a cada uma das formas da atividade espontânea ou dar-lhe livre curso. Todo o movimento da consciência preenche o intervalo que separa o instinto, que se antecipa à vontade, da graça que a supera.

A carne e o espírito não são dois adversários que se enfrentam um ao outro com as mesmas armas. A matéria impõe ao espírito uma espécie de violência; o espírito, porém, ao penetrar a matéria, domestica-a e ilumina-a; transforma-a em serviçal voluntária e atenta, feliz por descobrir e realizar sua vocação. Nascemos carne e vimos a ser espírito. Nascemos prisioneiros de uma longa hereditariedade e de um corpo de que somos escravo gemente. E a juventude pede para ser conquistada por uma libertação gradual das servidões do corpo e da hereditariedade, das quais a morte nos despoja de uma só vez.

4. A escada de Jacó

A escada de Jacó representa esse vaivém pelo qual subimos às coisas espirituais e descemos às coisas materiais. A queda não é uma primeira e única fraqueza de que buscamos a vida inteira redimir-nos: de fato, não paramos de cair e de nos levantar. É o nosso par de passos gêmeos. Quando nos apegamos aos bens materiais, seu peso nos arrasta. Assim que o espírito se livra dele, recomeça sua ascensão. É o mesmo movimento, no entanto, que ora nos transporta acima de nós mesmos, ora nos traz de volta a nós mesmos. É o mesmo amor que me ata a mim, se retenho seu ímpeto, e que me une a Deus, se consinto em segui-lo.

A mesma força sustenta o vício e a virtude. Chega-se a dizer que as virtudes são mais belas quando contêm em si vícios que as refreiam, mas que lhes conferem mais viço e acuidade. Por vezes os vícios sacodem profundamente a atividade, rompem a indiferença – que é uma espécie de sono ou de morte da consciência – e comunicam à alma um vivo impulso que, tão logo ela ultrapassa os limites em que o egoísmo a aprisionava, se torna o princípio de todas as virtudes. Não há potência em nós, por mais mal aplicada que seja, que deva ser destruída e não possa ser convertida por um bom uso. Quem carece de raiva carece também, para superar os obstáculos, de uma força que é preciso pôr a serviço da sabedoria. Quem carece de desejo carece também do impulso essencial que a atração do bem confere à atividade. Quem tem excesso de ingenuidade carece também de delicadeza e sagacidade. O mesmo princípio está na raiz da coragem e da raiva, da inteligência e da astúcia, do amor e da volúpia.

O maior perigo da virtude é dar-nos a vaidade da virtude: assim, a virtude pode separar, em vez de unir, e a alma, ao se elevar, já começa a descer. Quando os bens espirituais se oferecem a nós, só podemos perdê-los se quisermos que o amor-próprio desfrute deles. A fonte da atividade interior se esgota assim que é captada pelo amor-próprio para irrigar sua glória. Por isso, o indivíduo não pode querer tirar proveito, sem ao mesmo tempo corrompê-los, dos únicos bens que merecem ser desejados. Quando se consegue observar na virtude o ciúme estreito de si mesma que a leva a se fechar numa espécie de orgulho secreto, é que o amor-próprio já a venceu.

5. Os bens sensíveis

É por participarmos do Ser que tendemos para sua soberana perfeição. Mas é por sermos seres finitos e materiais que tendemos para bens sensíveis e perecíveis. Assim, é natural irmos a Deus com todas as nossas faculdades, e aos prazeres com cada uma delas. No entanto, não existe um único bem sensível que não seja a um só tempo uma imagem e uma limitação de um bem eterno. Assim, ao relacioná-lo com sua fonte, em vez de diminuí-lo ou sacrificá-lo, só se poderá aumentá-lo e penetrá-lo.

Muitos homens que gostariam de se vincular a um grande interesse eterno entediam-se diante dos objetos que pareciam destinados a intensificar nosso gosto da vida temporal: a ambição, a riqueza, o jogo, o luxo, a indústria ou o amor. Melhor que outros, eles poderiam dizer que bocejam diante da vida e que, quanto mais sentem que sua alma é grande, mais vazia ela lhes parece. Mas é porque está vazia que lhes parece grande: eles não têm força suficiente para encontrar a verdade, a única coisa que poderia preenchê-la. Ora, é próprio da verdade, justamente, envolver em luz as menores coisas e dar um caráter divino às tarefas mais mesquinhas e mais enfadonhas.

Assim, é um engano pensar que seja preciso ou absorver-se na busca dos bens materiais, considerando os bens espirituais como quimeras ou como o luxo das horas de lazer, ou consagrar-se inteiramente às coisas eternas, desprezando e humilhando nossa vida sensível, que se torna a marca da nossa miséria.

Homem algum tem de fazer uma escolha como essa. O que constitui a beleza e o mistério de nossa vida é que ela não cria nenhuma diferença visível entre os servidores do corpo e os servidores do espírito puro. Eles realizam as mesmas pequenas tarefas, cuidam da mesma maneira das pequenas necessidades do organismo, vão e vêm aos mesmos lugares e convivem com os mesmos seres: para uns, porém, a ação exterior é o objetivo e o desenlace de todos os seus pensamentos; para os outros, ela é apenas seu instrumento e seu indício: seus gestos materiais parecem fundir-se e desvanecer-se; só deixam transparecer, para um olhar puro, a significação interior que os ilumina.

Os prazeres dos sentidos são uma representação das alegrias eternas; o conhecimento do mundo material é uma representação do conhecimento contemplativo; a beleza carnal é uma representação da beleza incriada; o amor do homem é uma representação do amor de Deus. Por isso, esses diferentes bens não devem ser desprezados, nem contrapostos aos bens verdadeiros. É preciso desfrutar deles segundo sua natureza, isto é, com simplicidade e inocência, mas não sem reconhecer que existe neles opacidade e imperfeição, nem sem admirar os dons que põem ao nosso alcance, nem sem transfigurá-los, a fim de reencontrar em cada um deles um chamado para alegrias mais puras.

6. Compartilhamento dos bens

Existem dois tipos de bens: os que, por só poderem pertencer ao indivíduo, não são suscetíveis de ser compartilhados, e os que só têm sentido se forem comuns a todos, que se formam ao ser comunicados e aumentam ao ser compartilhados. Estes últimos são os bens espirituais. É quando os disseminamos que os recebemos. O indivíduo não pode adquirir nenhuma posse particular deles da qual se mostre ciumento, pois só pode saboreá-los renunciando a si mesmo, aceitando participar de uma realidade que o alimenta e o ultrapassa. Assim, devemos dá-los pelo mesmo ato que no-los dá: e, quando nos libertamos das servidões do amor-próprio, aproximamo-nos imediatamente dos outros homens e provocamos neles a mesma libertação. Ao deixarem, como nós, os bens que até então buscavam reter, penetram conosco num mundo novo onde a mesma riqueza inesgotável é oferecida a todos: só podemos desfrutar dela numa espécie de mútua generosidade.

Ao contrário, quem busca seu bem próprio com certeza não o alcança: é um grande mal, portanto, querermos possuir um bem que seja exclusivamente nosso. E todos os bens que desejamos, devemos nos empenhar em compartilhá-los, sentir necessidade de compartilhá-los e sentir que crescem justamente nesse compartilhamento. O bem que fazemos ao próximo é o único meio que temos de fazer bem a nós mesmos.

Os bens verdadeiros não diminuem quando passam de mão em mão: até se multiplicam nas mãos de quem os possui, ao rejuvenescer incessantemente a atividade que os produz, que deles desfruta e que os transmite. Os bens espirituais não têm dono: pertencem a quem os sente e a quem os ama, são de quem os recebe. E o uso que deles se faz, em vez de gastá-los ou destruí-los, é um ato de amor que os faz renascer incessantemente. Vê-se, portanto, que o doador é o único que possui, e que, ao dar, não para de receber. Assim se explica o paradoxo segundo o qual os bens que se recebem são sempre proporcionais aos bens possuídos. Assim se explicam estas palavras: "Pois àquele que tem lhe será dado e lhe será dado em abundância, mas ao que não tem, mesmo o que tem lhe será tirado".

É que não há diferença entre ter e dar, nem entre a doação recebida e a doação feita. Mas as leis do mundo eterno são as próprias leis do mundo em que vivemos: aquilo que dá felicidade na Terra dá felicidade eternamente, e aquilo que torna infeliz na Terra nos torna infelizes eternamente.

7. O estado de graça

O importante não é não cair, mas ser capaz de se elevar até certos cumes. O homem permanece hesitante e miserável, deixa-se atrair e decepcionar pelas mil aparências da felicidade, é apenas mão de obra em período integral de uma boa vontade cega e dolorosa, se não tiver feito, ao menos uma vez na vida, uma experiência miraculosa cuja lembrança é seu único apoio e que ele busca incessantemente prosseguir e reencontrar: a de um estado pleno de desenvoltura e simplicidade no qual todas as suas faculdades têm seu desempenho mais livre e mais necessário; que exclui o esforço, porque o desata; que dá uma significação aos menores acontecimentos, a tudo o que ele vê, a tudo o que ele faz, e lhe proporciona sempre uma alegria que supera infinitamente sua expectativa. Cada um de nós sente em si, no limite da consciência, a obscura e iminente presença desse estado, mesmo quando não consegue torná-la sensível; assim que ela se lhe oferece, ele a abençoa: sente muito bem que, em cada instante, basta um acaso, uma ocasião, um encontro, um olhar da atenção, um movimento de entrega ou um simples ato de consentimento para fazê-la raiar. E é seu luminoso reflexo o que o ajuda também a suportar as horas mais cinzentas.

Quando a graça nos sustenta, não há nada que ela não nos ajude a aceitar, mesmo a fadiga, mesmo o sofrimento. Ela ocupa todo o campo da consciência e nos permite realizar as tarefas mais diversas e até as mais fastidiosas sem que nossa alegria se esgote ou nossa unidade interior se rompa. Quando a graça está presente, paramos de olhar para o futuro, de desejar e mesmo de esperar: sentimo-nos plenos. E o sinal da graça é que o presente sempre é, para nós, superabundante.

Dizem que a graça não é dada a todos os homens e com frequência nos abandona. Então, o que depende de nós é o que fazemos quando ela nos falta: o restante da vida só pode ser preenchido pela lembrança, pela espera confiante, pela paciência e pela imitação dos momentos em que a graça estava presente. Mas cabe-nos ainda zelar para que ela não se perca no momento em que a temos, guardar seu fruto quando ela se retira e, enfim, estar sempre prontos para acolhê-la no momento em que ela se oferece.

A graça sempre se infiltra em nós por caminhos que não havíamos previsto. Para termos certeza de que nada podemos sem ela, é preciso que nos tenhamos sentido, ao menos uma vez, completamente abandonados. Não devemos solicitá-la por uma oração dirigida a um deus exterior a nós, nem esperá-la como a uma revelação ou a algo súbito e intenso, nem sentir nostalgia dela como de uma felicidade da qual se foi privado; pois ela está em nós, mesmo quando não a vemos, e com frequência basta que nos voltemos para nós mesmos, meditemos e penetremos sua presença misteriosa para torná-la subitamente visível, como se a tivéssemos feito nascer.

Na união com Deus, trata-se, para nós, apenas de consentir em sua ação, e nós a destruímos cada vez que tentamos antecipá-la ou forçá-la. Nada é mais difícil do que obter o perfeito silêncio do amor-próprio: o próprio ardor que nos leva a Deus nem sempre é irrepreensível, pois o amor-próprio busca incessantemente possuir, e às vezes pensamos que ele se está indo no momento em que ganhou mais ascendência sobre nós.

8. Despossessão

Jamais devemos buscar adquirir nem reter bem algum, pois sempre se é possuído pelo objeto que se possui: é o meio de estarmos sempre pobres, invejosos e descontentes. Mas é prescindindo de todos os bens, de todas as coisas possuídas, que podemos adquirir o único bem verdadeiro, que é o poder de engendrar todos os bens, isto é, de extraí-los de nós mesmos. Pode ser motivo de assombro que só enriqueça quem se despoja de tudo o que possui. É que este, até então, só possuíra bens miseráveis que o deixavam preocupado, opaco e pesado: basta-lhe deixá-los para que se torne uma potência pura capaz, a partir de então, de participar de tudo o que existe.

Todos os bens materiais nos oprimem e nos ofuscam. É que não podem dar-nos o sentimento da posse verdadeira. Não possuímos senão a nós mesmos, e por isso o momento da mais rigorosa privação se torna o da mais perfeita plenitude.

Nosso espírito deve ser ainda mais desprendido dos bens intelectuais do que nosso corpo dos bens materiais; se ele só pode possuir exatamente a atividade que exerce, a única posse que ele pode ter com relação a seus conhecimentos não é a de se comprazer neles, mas a de produzi-los. Só se possui o que se pensa, no momento em que se pensa. Parece-nos que o que sabemos e lembramos é objeto de uma posse a um só tempo mais aparente e mais segura; mas só produz uma satisfação análoga à proporcionada pelos bens materiais. Ora, a posse dos bens do espírito, assim como a dos verdadeiros bens, não se distingue da operação que os faz nascer: quando se distingue, é porque os perdemos.

Se é preciso que nos empenhemos para não ter posses, para estar perfeitamente nus e despojados, é para não sermos mais que um ato que se realiza. Os únicos bens que têm valor são os que não podemos perder: são, portanto, os bens que trazemos em nós e sempre levamos conosco; é a faculdade de produzir todos eles. Todos os outros nos tornam escravos e fazem pesar sobre nós o medo de que nos deixem. Quando já não temos esse temor, é porque os deixamos e nos elevamos acima deles. Assim, todas as nossas desgraças vêm de buscarmos fora de nós e longe de nós bens que estão perto de nós e em nós.

Quando se pede ao eu separado que renuncie a si mesmo em benefício da graça que descrevemos, que faz descer sobre ele o próprio princípio do conhecimento e do amor, esse eu deve experimentar um sentimento de alegria e de entusiasmo diante de tal promessa, por sentir que seu ser está prestes a romper seus limites e ampliar-se indefinidamente. Por outro lado, é inevitável que a essa ação que o eleva ele oponha uma resistência desesperada, por sentir que deve desaparecer, que deve ceder lugar a outro ser que ele ainda não conhece, no qual seu ser mais familiar será, por assim dizer, consumado: o pensamento da sua própria aniquilação lhe causa uma inexprimível angústia, que cabe a ele transformar numa "renúncia total e mansa".

Do mesmo autor, leia também:

Neste livro se encontram os temas relevantes da obra de Louis Lavelle, como o ser, o ato, o valor, o tempo, a existência, a liberdade, a intersubjetividade, a participação. Equivale a um pequeno resumo de seu pensamento e abriu as portas a uma penetração mais fácil em seus temas profundos. Lavelle respirou o clima de duas guerras mundiais e sorveu a experiência da dor, da ansiedade, do mal. Soube, porém, vislumbrar um caminho de elevada espiritualidade.

facebook.com/erealizacoeseditora twitter.com/erealizacoes instagram.com/erealizacoes

youtube.com/editorae issuu.com/editora_e erealizacoes.com.br

atendimento@erealizacoes.com.br